中国が席巻する世界エネルギー市場 リスクとチャンス

日本総合研究所
井熊均・王婷・瀧口信一郎 著

協働化で見出せるか、日本の活路

日刊工業新聞社

は じ め に

　本書の執筆の最終段階になって、アメリカと中国の貿易問題、情報問題がヒートアップしてきた。2大超大国間の摩擦に世界中の人が戦々恐々としている。

　そうした時期であるから、冒頭で本書の立場を明確にしておく必要がある。まず、本書は中国脅威論を論じたり、中国の技術収奪の問題を問うことを目的としたものではない。エネルギー分野において、中国という国が持っている大変なポテンシャルを認識し、日本がその国とどう付き合っていくかを問うことを目的としている。

　中国との技術協力等の歴史について、ネガティブなイメージを持っている日本人ビジネスマンは少なくない。しかし、それを差し引いても、今の中国の技術、経済力は極めて高いレベルに達している。技術レベルは投入した資金と研究者の数の関数である。14億人という人口を抱え、歴史に裏付けられた教育制度を持っている国が、本気になって技術者を育成したらどういうことが起こるか。我々が目の当たりにしているのは、歴史上誰も経験したことのない、巨大国家の技術・産業開発の取り組みの結果である。中国は既に国内に膨大な数の研究者、技術者を抱えているから、アメリカとの議論がどのような結果になっても、中長期的に中国が躍進する方向は変わらないだろう。

　中国が世界経済にとって代替が効かない重要な市場となっていることも忘れてはいけない。リーマンショック後の経緯を見ても、世界経済の中国依存の高さは否定できない。日本もアメリカも欧州も中国との良好な関係なしに今後の成長は描けない。

　本書はこうした理解に基づき、エネルギーをテーマとして、中国のポテンシャルと日本としての向き合い方を述べたものである。まず、第1章、第2章では再生可能エネルギー、従来型エネルギーにおける中国企

業の躍進ぶりをまとめた。第3章では、AI/IoT時代に重要性を増す「デジタルデータ×エネルギー」の視点で、中国の圧倒的なポテンシャルをまとめている。その上で、第4章では中国の躍進を支えた政策構造を整理し、第5章で日本がどういう視点で、エネルギー分野における中国との協働を作り上げていくかを述べた。こうした内容により、エネルギーを題材に、中国のポテンシャル、政策、産業構造の理解も進むと考える。本書が、中国に対する理解を深め、中国との生産的な協働にわずかながらでも貢献できることがあれば筆者として大きな喜びである。

　本書については、企画段階から有限会社新日本編集企画の鷲野和弘様、株式会社日刊工業新聞社の矢島俊克様に大変お世話になった。この場を借りて厚く御礼申し上げたい。本書は、株式会社日本総合研究所創発戦略センターの王婷さん、瀧口信一郎さんとの共同執筆である。王さんは中国、日本、アメリカで学んだ中国の専門家、瀧口さんはエネルギー分野でアメリカでMBAを取得したエネルギーの専門家である。執筆を通じ、ご両人の専門性が十分に発揮されたと考えている。年末に向けた多忙な時期に、執筆にお付き合いいただいたことに御礼申し上げある。

　最後に筆者の日頃の活動に対してご指導、ご支援を頂いている株式会社日本総合研究所に厚く御礼申し上げる。

2018年師走
井熊　均

目　次

はじめに …………………………………………………………………… 1

第1章　紅く染まる再エネ市場

❶ パリ協定後をリードする中国 ……………………………… 8
- オバマ前大統領の懸念 ………………………………………… 8
- 中国の目論見 …………………………………………………… 9
- 合理性高まる低炭素投資 ……………………………………… 11
- 満たされる中国の目論見 ……………………………………… 14

❷ 席巻された太陽光発電市場 ………………………………… 17
- 固定価格買取制度で落城した日本のトップ ………………… 17
- ドイツの急追 …………………………………………………… 18
- 東西ドイツが後押しした太陽光発電事業 …………………… 20
- 三日天下だったドイツのトップ ……………………………… 22
- サンテック破綻をものともしない層の厚さ ………………… 23
- なす術がない中国の独壇場 …………………………………… 25

❸ 欧米と拮抗する風力発電市場 ……………………………… 29
- 産業基盤が必要な風力発電 …………………………………… 29
- 粘り強く風力発電産業を育成した中国 ……………………… 30
- 中国メーカー成長の理由 ……………………………………… 32
- 短期間で拡大した海外展開 …………………………………… 36
- 洋上風力に頼る欧米勢 ………………………………………… 37

❹ 急成長の蓄電池市場 ………………………………………… 39
- アメリカのEV市場の立ち上がりと減速懸念 ……………… 39
- 世界の過半を占める中国のEV市場 ………………………… 40
- あっと言う間に世界のトップに立った蓄電池会社CATL … 44
- 追随難しい日本企業 …………………………………………… 46
- 資源からEVまでのサプライチェーンを押さえる中国 …… 47

目　次

第2章　欧米主導が崩れた従来型エネルギー市場

❶ 挽回不能の蒸気タービン市場 …………………………………52
- ・先進国有利であったはずのタービン技術 ………………………52
- ・蒸気タービンの技術革新と進む国産化 …………………………53
- ・中国市場をリードする重電メーカー ……………………………55
- ・AI／IoTが縮める先進国との技術格差 …………………………57

❷ 先進国の最後の牙城ガスタービン市場 ……………………59
- ・石炭から天然ガスへ ………………………………………………59
- ・天然ガスへの転換を後押しした大気汚染 ………………………60
- ・中国市場依存を高める欧米企業 …………………………………61
- ・徹底した先進国企業の技術防衛 …………………………………63
- ・牙城が崩れる時 ……………………………………………………64

❸ 明暗分かれた原子力市場 ……………………………………66
- ・福島第一原発事故で縮小する先進国の原発事業 ………………66
- ・福島第一原発事故でも揺るがない中国の原発政策 ……………66
- ・進む国産化 …………………………………………………………69
- ・世界最大の建設計画を抱える中国市場 …………………………71
- ・強化される原子力産業の基盤 ……………………………………73
- ・始まった世界戦略 …………………………………………………74

❹ 拡大する海外展開 ……………………………………………76
- ・一帯一路で拡大する新興国、途上国市場 ………………………76
- ・パリ協定で中国の独壇場となる石炭火力市場 …………………77
- ・強力なメーカーと電力会社の協働体制 …………………………79
- ・国内市場の成熟で拡大する海外展開 ……………………………82

第3章　エナジーDX（Digital Transformation）

❶ 「PV（太陽光発電）to EV」が次世代スマートシティの鍵 …86
- ・自動運転で再びスマートシティに注目 …………………………86
- ・自動運転が注目される理由 ………………………………………87
- ・EVの現実解 ………………………………………………………89
- ・パリ協定の期待を背負ったPV …………………………………90

- ・PVとEVの親和性……91
- ・PV to EVがパリ協定実現の鍵……93
- ・PV to EVの促進策……93

❷ DX化で再び注目されるスマートシティ……96
- ・都市のネットワークの基盤となるエネルギー……96
- ・モビリティサービスと都市運営……97
- ・エネルギーデータが電力の価値になる……99

❸「エネルギー×データ」のフロンティアをリードする中国……102
- ・強みとなる中国の開発園区……102
- ・中新天津生態城の今……103
- ・中国の絶対的な強み……105
- ・デジタル・マネジメントで強みを発揮する開発園区……107
- ・開発園区を強くするEVとプラットフォーマー……108
- ・未来都市：雄安新区……110
- ・世界のスマートシティ市場をリードする中国……113

第4章　市場を席巻した中国のエネルギー・産業政策

❶ お家芸の技術移転政策……118
- ・東西冷戦時代に築かれた技術移転政策の枠組み……118
- ・巨大な中国市場を背景とした技術移転政策……119
- ・魅力増す中国市場と拡大する中国投資……122
- ・技術移転が支えた従来型エネルギー技術と風力発電……123
- ・国産化される移転技術……124

❷ 起業家がリードした太陽光発電市場……127
- ・重層的な技術開発・企業育成支援体制……127
- ・戦略的な海外留学派遣と創業支援……128
- ・中国へ帰還する留学生……130
- ・海外展開で先行した太陽光発電……131
- ・海外展開と国内市場の両輪で成長……132
- ・先行組は分厚い企業群の氷山の一角……135

❸ 政策と起業家のマッチングによる新たな成長……136
- ・経済大国になっても変わらない国主導の産業政策……136

目　次

- ・太陽光とITで見せた中国起業家の実力 ……………………139
- ・世界で最も厚いグローバル教育を受けたインテリ層 ………140
- ・政策と企業の連携による他国にない成長モデル ……………144

第5章　エネルギー市場の未来構図

❶ 国力を左右したエネルギーの歴史 …………………………146
- ・避け得ない、エネルギー市場の全分野で中国が世界をリードする近未来…146
- ・エネルギー資源市場でも影響力を拡大する中国 ……………146
- ・次世代エネルギー資源市場でも影響力を拡大する中国 ……150
- ・エネルギーを巡る覇権の歴史 …………………………………151
- ・国際的な発言力を左右するエネルギーの権益 ………………152
- ・かつてのアメリカに似る中国の現状 …………………………153

❷ 中国という国への理解 …………………………………………155
- ・正確な認識が不可欠な米中二強時代 …………………………155
- ・中国市場抜きには成長できない日本 …………………………156
- ・板挟みの先進国 …………………………………………………158
- ・世界が経験したことのない巨大国家の経済成長 ……………159

❸ 中国と向き合うための４つのC ………………………………161
〈再生可能エネルギー〉 …………………………………………161
- ・競争力低下が目立つ個別技術 …………………………………161
- ・システム化商品とサービスに活路 ……………………………163
- ・システム化商品は上流指向が鍵 ………………………………165

〈従来型エネルギー〉 ……………………………………………166
- ・限られる技術優位 ………………………………………………166

〈エナジーDX〉 ……………………………………………………167
- ・DXSCの結節点を狙え …………………………………………167
- ・中国の競争力を活かすCustomerポジション ………………170
- ・Customerポジションの前提となるCollaboration …………171
- ・将来の成長の基盤となるDXSCでのCollaboration ………173
- ・日本の強みを活かせるカテゴリープラットホーム …………175
- ・水素に焦点を当てるCarbon-Free-Technology ………………177
- ・エネルギーを真剣に考えている中国 …………………………178
- ・エネルギーセキュリティと中国との向き合い方 ……………179

第1章
紅く染まる再エネ市場

1 パリ協定後をリードする中国

オバマ前大統領の懸念

　2016年に発行して以降、パリ協定は期待通り世界の温室効果ガス削減に向けた追い風となっている。温室効果ガス削減に向けた行動の勢いは、間違いなく京都議定書が発効した時代より強くなっている。

　パリ協定発効の最も大きなドライビングフォースとなったのは、温室効果ガスの排出量と経済規模でいずれも、世界第一と第二位に入るアメリカと中国の合意だ。アメリカはパリ協定の合意づくりについて積極的に動いた。インドなどの大排出国に働きかけ、中国に呼びかけたのもアメリカだ。2016年9月3日には、オバマ大統領が中国の習近平国家主席とともにパリ協定の批准を表明した。2015年末にパリ協定の枠組みが合意されてから一年も経たない、両大国によるスピード合意・批准だ。大国が何らかの政治的な意味を持つ大きな合意をするためには、何年もの協議を経るのが普通だから、パリ協定を巡る両国のスピード合意には世界中が驚いた。

　その背景には、もちろん、地球温暖化の影響が深刻さを増し、遠くない将来における悲劇的な影響が明らかになってきたことがある。世界のリーダーを自任するアメリカにとっても、世界のリーダーを目指す中国にとっても、政治、経済両面で重要性を増す地球温暖化問題への対処に躊躇することは許されなくなった、との認識があったろう。

　一方で、批准から2年を経て、それ以外にも両国を巡る政治的な背景にあったことが見えてきた。

　予想外のパフォーマンスで世界中に驚きと不安を与え続けているアメリカのトランプ大統領だが、それ以上に驚きを隠せないのが、トランプ大統領を支持する層の声だ。2018年11月に行われた中間選挙でアメリ

カの共和党は、民主党に下院での多数派の座を奪われたものの、上院では多数派を維持し、トランプ大統領が安定した支持層を握っていることが改めて分かった。アメリカ第一主義を掲げ、自分達の不利益となる国際的な枠組みに異を唱える人達が、世界で最も豊かで、政治、経済に圧倒的な影響力を持つアメリカに半分もいるのだ。そうした人達の中で、大量のエネルギー消費を否定し、石炭・石油産業、重厚長大産業に圧力を与えるパリ協定への支持を得るのは難しい。

トランプ政権が映し出す根深いアメリカの保守層の価値観を見る時、その前のオバマ政権とは何だったのかを考えてしまう。アメリカ大統領として初めての広島への正式訪問、パリ協定のスピード合意・批准など、日本人やリベラル層から支持を受けるオバマ前大統領の行動の裏には、間違いなくオバマ前大統領の政治的な信念があっただろう。また、政権末期において、政治家としてそうした信念をレガシーとして残したい、という意向もあっただろう。一方、最近になって思うのは、オバマ前大統領の懸念があったのではないか、ということだ。大統領としての経験を経て、アメリカの自国第一主義の根深さを痛いほど感じ、自分の任期中にアメリカとして成すべきことを少しでも前に進めなくてはいけない、という想いがあったのではないか。

アメリカに地球環境や民主主義を重要視する良識派がどこの国よりも多くいることは間違いない。一方で、自国第一主義を重視する層が相当数おり、さらには両派の影響力を巧みに利用する層がいることも確かだ。それらを身に染みて感じ懸念したのがオバマ前大統領であり、それらを覆っていたベールを剥がして見せたのがトランプ大統領ということだ。

中国の目論見

中国にはアメリカの呼びかけに乗る理由がいくつもあった。

1つ目は、国際的なプレゼンスを向上するためだ。2010年に経済規

模で日本を抜くと、日中の経済規模はあっという間に広がり、今では、中国の経済規模は日本の2.5倍に達している。世界第2位の大国となってから、中国が目指してきたのは、アメリカと並び称される世界的な地位だ。地球温暖化問題についても、2009年のCOP15では、温室効果ガスの削減目標の設定が経済成長を拘束する、との姿勢を一転させ、「共通だが区別のある責任」という表現を使い前向きに取り組む姿勢を示した。アメリカと並ぶ大国を目指す中国にとって、アメリカからの呼びかけは渡りに船だった面がある。

　2つ目は、国内の環境問題に対処するためである。2010年代になると、急激な経済成長の副作用として顕在化した環境問題に対して、所得向上で社会的な意識が高まった国民が強い不満と不安を感じるようになった。経済的に余裕のある人は、日本など先進国企業の提供する食品や生活用品を買うようになり、政府への非難も目立つようになった。国民の不満と不安の声に応えようとする中国政府にとって環境問題への対処は重要な政策課題となった。そこで、地球温暖化問題に関する世界的な議論をリードする姿勢を見せることは、国内に対しても重要な政策アピールになる。

　3つ目は、大国に相応しい産業構造への転換である。深刻な環境汚染の原因の一つは重厚長大産業に偏った産業構造である。その産業構造を維持したまま国内の環境問題を抜本的に改善するのは難しい。また、大量の資源とエネルギーを要する上、新興国、途上国にも競合企業がおり、成長性が高くない重厚長大産業を中心としていては、高い経済成長を維持することはできない。環境面で見ても、経済面で見ても、資源・エネルギー消費が小さく付加価値の高い産業構造への転換は中国の必須課題となっていた。産業の低炭素化はそのための有効なドライビングフォースとなる。

　4つ目は、中国が経済力と技術力に自信を持ったことである。経済力が不十分だった時代は、温室効果ガス削減の高い目標を課すと国内産業

の競争力が落ち、経済成長が鈍化することを懸念せざるを得なかった。しかし、世界第2の経済力を持つようになると、大企業は自らの負担で環境投資を行うようになり、先進国のグローバル企業に伍して投資を嵩上げする余力も出てきた。地球温暖化対策を強化することは、むしろ、中国企業のグローバル化の追風となる。

合理性高まる低炭素投資

　パリ協定の批准から1年後にモロッコのマラケシュで開催された、国連気候変動枠組条約第22回締約国会議（COP22）、パリ協定第1回締約国会合（CMA1）及び京都議定書第12回締約国会合（CMP 12）では、パリ協定の実施指針の検討を効率よく進めるための具体的な作業が決定されると共に、先進国と途上国の能力の違いをどのように考慮すべき等の論点がまとめられた。議長国のモロッコからは、各国に対して気候変動対策を呼びかける文書（「マラケシュ行動宣言」）が提示された。

　2017年11月にドイツ・ボンで開催されたCOP23では、2020年以降の削減計画、各国排出量などの報告・評価の仕組み、市場メカニズムなどについて、各国の意見がとりまとめられた。COP23の議長国（フィジー）からは、2018年1月から開始されるタラノア対話（世界全体の排出削減 の状況を把握し意欲(ambition)を向上させるための対話）の基本設計が提示された。

　2018年12月、ポーランドで開かれた第２４回国連気候変動枠組み条約締結国会議（COP24）は、パリ協定の運用の実施指針を採択して終えることができた。この指針により、先進国、途上国の全てが、温室効果ガスの削減目標の基準年や算定根拠などを明記する義務を負うことになる。これまで途上国は先進国と異なる目標設定や算定方法を認めるように主張してきたが、先進国、途上国共通のルールを作ることに成功した。資金支援などの難しい問題は残るが、先進国と途上国の間の合意形成というパリ協定の最も大きな課題の一つがクリアされたことになる。

このように、トランプ大統領のパリ協定離脱宣言とは別に、パリ協定の実行に関する国際的な議論は順調に進んでいると考えていい。パリ協定の理念は実際の経済活動にも反映されている。金融分野では、温室効果ガスの排出量の多い石炭火力については融資しない、あるいは相対的に環境性の高い案件にしか融資しない、という姿勢を先進国の多くの金融機関が表明している。一方で、再生可能エネルギーの経済性は高まり続けている。太陽光発電については、低緯度の国々での導入が増えたこともあり、kWh当たり5円を切るような画期的な発電単価が実現されている。風力発電は、陸上で2,000kW級の風車が普及し、洋上では6,000kW級風車が開発され、風況が良い地域では天然ガス火力発電を下回るコストを実現している。風力発電は構造的にこれ以上の劇的なコストダウンは期待できないが、太陽光発電のコストは技術革新でこれからも低減が期待できる。

今や、電力系統の運営で電源を選択する際、経済性で評価すると、まずはコスト競争力の高い再生可能エネルギーを接続するのが普通になりつつある。その分、石炭火力の稼働率は低くなるので、資産価値は下がる。発電所以上に影響が大きいのが資源開発だ。世界的に見ると新興国、途上国の電力需要を賄うために、当分の間石炭火力はなくならないが、石炭の使用量が頭打ちになれば、資源開発の投資回収率は落ちざるを得ない。経済面で見ても再生可能エネルギーに資金が流れる傾向は変わらない。

以上はエネルギーの供給サイドの話だが、需要面での変化も大きい。事業運営のためのエネルギーを100%再生可能エネルギーで調達することを目標に掲げる企業が加盟するイニシアチブRE100（Renewable Energy 100%の頭文字）には、欧米を中心に100を超える有力企業が参加している。日本でも、ソニー、リコー、富士通、積水ハウス、大和ハウス工業などが参加しており、中国からもBROAD Group（遠大科技集

団）が参加している。

　多くの企業は送電線を介して再生可能エネルギーを調達しているので、RE100以外の誰かが再生可能エネルギーの変動や不足時を補完するための火力発電などの電力を使っていることになる。また、発電端でのコストが安くても調整コストがかかるから、送電端では再生可能エネルギーが安い訳ではない。それでも多くの有力企業が再生可能エネルギーを選択するのは、CSR的な観点に加え、経済的な合理性もあるからだ。

　特定の業種を別にすると、事業のコストに占めるエネルギー料金の比率は小さい。もちろん、大企業であれば絶対額としては大きいので削減することの意義はある。しかし、エネルギー料金を下げるために他のコストが嵩んだり、生産活動に圧力がかかる場合は、無理な省エネはしないのが普通だ。一方、特にB2Cのビジネスを営む企業では、地球温暖化対策に後ろ向きな姿勢を見せると、ユーザーの評価を落とすことにつながる可能性がある。評価の低下は収入減につながる可能性があるから、経済的に見ても地球温暖化問題への取り組みで劣後することはリスク、という考え方が受け入れられるようになる。

　このように、地球温暖化対策の重要性は、米中がパリ協定を批准した2年前と比べてもかなり高まった。

　一方で、政治面では逆風もある。米中のパリ協定批准後の政治面での最も大きな変化は、直後に就任したドナルド・トランプ大統領の登場だろう。自国第一主義を掲げるトランプ大統領は、パリ協定からの離脱を表明し、時計の針を逆転させるように、多国間の自由貿易を否定し続けている。結果として、アメリカは自由主義経済の盟主としての評価を失いつつある。問題なのは、トランプ大統領の政策を支持する層が少なからず存在しており、彼等にかつてアメリカが採っていた自由主義政策を納得させる手立てがないように見えることだ。その傾向はトランプ氏以外の大統領が登場しても変わらないだろう。アメリカだけでなく、欧州

第1章　紅く染まる再エネ市場

でも自国第一主義の流れが強まっている。こうした流れが、EUがリードしてきた地球温暖化対策の議論に水を差す可能性がある。

満たされる中国の目論見

　2年前に中国が抱いたと思われる目論見は、かなりの部分が満たされるようになっている。

　1つ目の国際的なプレゼンスについては、中国経済の影響力が増したことで、多くの国が脅威に感じるほどに高まった。そこに、アメリカの自国第一主義が重なり、今ではアメリカと中国のどちらが自由主義経済の盟主であるか分からないような状況になっている。確かに、中国には、アメリカが指摘するような、不公正な経済運営もある。しかし、批判の一方で、多くの国が中国詣でに一層力を入れており、EVのように中国市場の影響力が大きな分野では、中核技術の投資も行われるようになっている。

　2つ目の中国国内の環境問題については、地球温暖化対策への積極的な姿勢の直接的な効果とは言えないが改善の兆しがある。例えば、一時は前の車が見えなくなるようだったPM2.5の濃度は、多少なりとも緩和されつつある。石炭火力は中国でも縮小傾向にあり、自動車分野では世界最大のEV保有国となった。また、多くの地方政府は地域住民の生活環境改善のための施策に力を入れ始めており、例えば、総合的な廃棄物対策などへの関心が高まっている。

　3つ目の産業転換については、重厚長大系の国有企業の改革は道半ばだが、IT分野の企業は躍進した。アリババやテンセントは世界の時価総額ランキングでベスト10に入った。滴滴（ディディ）は中国国内でのウーバーとの競争に勝ち同社の中国部門を吸収した。ファーウェイはアップルを抜き世界第2のスマートフォン会社になった。この他にも、無数のIT関連企業が続いている。今や中国は世界で最もキャッシュレスが進んだ国でもある。こうしたIT企業の躍進は中国政府の政策運営

1　パリ協定後をリードする中国

図表1-1-1　ESCO・エネルギーマネジメント事業の市場規模の推移

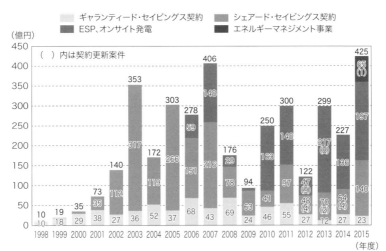

（出所：一般社団法人ESCO・エネルギーマネジメント推進協議会ホームページ）

図表1-1-2　中国の省エネサービス産業の生産高の推移

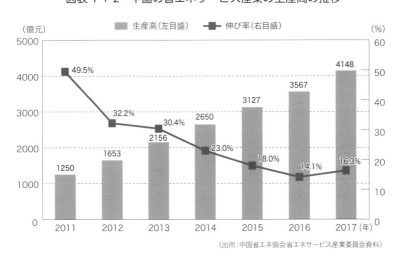

（出所：中国省エネ協会省エネサービス産業委員会資料）

の賜物の面がある。例えば、IT企業によるファイナンスサービスが普及したのは、中国政府が金融関連の規制の解釈を大目に見たから、とも言われる。

　4つ目の経済力と技術力については、2年前より自信を持っている面がある。経済成長は鈍化しているが、経済が成熟段階に入った結果と捉え、地球温暖化対策と経済成長を両立させる自信は強まっている。技術力についても、技術開発と海外からの技術導入のための投資が強化され、経営者の意識も高まっている。その結果、省エネルギー関連市場は日本とは桁違いの規模に成長している。(図表1-1-2)

　このように、2年前にアメリカと共にパリ協定を批准した時の中国の目論見は、概ね期待通りに推移していると考えられる。中国の成長や中国政府の努力によるところもあるが、アメリカの自国第一主義による面もある。

　本書で指摘したいのは、2年前の中国にはもう一つ、アメリカと共にパリ協定を批准する理由があったのではないか、という点だ。米中の合意は、再生可能エネルギーを中心に中国のエネルギー産業を飛躍させる丁度よいタイミング、との理解があったのではないだろうか。実際に、世界のエネルギー市場での中国企業のポジションは怖いほど高まっている。それは、産業政策やエネルギー企業の努力の賜物という面もあるのだが、世界市場の動静を見切った中国政府の政策判断が寄与している面もある。

　こうした理解を念頭に次節から、再生可能エネルギー、従来型エネルギーについて、中国企業の躍進ぶりを見てみよう。

2

席巻された太陽光発電市場

固定価格買取制度で落城した日本のトップ

　日本が本格的に太陽光発電技術の開発を始めたのは、第一次オイルショック直後の1973年だ。石油価格の高騰を受け、通商産業省（現経済産業省）は省エネ政策とともに、太陽光、地熱、水素などの石油代替エネルギーを開発する「サンシャイン計画」を策定した。中でも、太陽光発電は産業として育成を図るべく技術開発に力を入れた。1970年代、日本の半導体産業が電卓などに使われるICチップを中心に急成長していたことも、技術体系が近い太陽光発電を産業として育成しようという機運を後押しした。

　1970年代には早くも太陽光発電付きの電卓が販売され、太陽光発電の認知度と産業としての期待を高めた。1990年代に入ると、政府は住宅用太陽光発電の導入補助政策を施行し、普及に弾みがついた。京セラ、三洋電機、シャープは太陽光発電事業を成長させ、日本の太陽光発電産業の黎明期を支えた。こうして、2004年には累積導入量が100万kWを超え、世界の太陽光発電市場をリードした。

　日本の太陽光発電事業の成長を支えたのは、産業用・業務用に比べ電力が割高な住宅市場に焦点を当てた商品化戦略だ。高めの買電単価と、日本の住宅の狭い屋根で経済メリットを出せるかが問われ、発電効率をいかに上げるかが技術開発の中心的なテーマとなった。住宅用太陽光発電のユーザーにとっては、補助金で設置コストを賄った上で、電力会社に支払う電気代をいかに安くするかが関心事だったから、ここでも発電効率が商品選択の重要な判断基準となった。

　太陽光発電メーカーは世界最高効率を売りにすべく、１％の発電効率にこだわるようになった。さらに補助金制度がエネルギー効率の高い製品を重視したことで、日本の太陽光発電市場は補助金依存の傾向を強め

第1章　紅く染まる再エネ市場

ることになった。

ドイツの急追

　その頃、ドイツでは太陽光発電市場が急成長し始めていた。2005年には発電効率に拘る日本を累積導入量で追い越し世界のトップに立ち（図表1-2-1）、2010年には日本の350万kWに対し、1,700万kWと約5倍もの差をつけた。

　ドイツの太陽光発電市場を押し上げたのは2000年に制定された再生可能エネルギー法だ。ドイツでは1986年の旧ソビエト連邦（現在のウクライナ）のチェルノブイリ原子力発電所事故以降、脱原発の動きが強まっていた。それがドイツ社会民主党と緑の党の連立政権の下で、2022年までに国内全ての原子力発電所を段階的に廃止する、とのドイツ連邦政府と電力会社の間の合意という形で具現化したのである。それを受け、原子力発電から再生可能エネルギーへの転換を制度化したのが再生

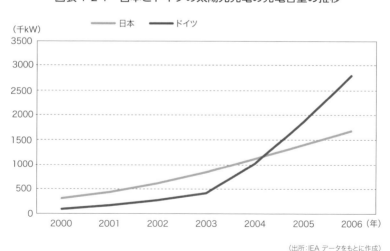

図表 1-2-1　日本とドイツの太陽光発電の発電容量の推移

（出所：IEA データをもとに作成）

可能エネルギー法である。

再生可能エネルギー法の制定に先立つ1991年、ドイツは固定価格買い取り制度、フィードインタリフ（FIT）を導入している。このこと自体は、日本が目標値割当制度（RPS）を導入していたことを考えると、必ずしも画期的とは言えない。しかし、再生可能エネルギー法により再生可能エネルギーのコストの一部を需要家に負担させる賦課金制度を導入し、太陽光発電の買い取り単価を一気に1kWh当たり50.62セント（1ユーロ＝100.59円換算（2000年）で約51円）まで高めたことが、市場の爆発的な拡大につながった。

その頃、日本は補助金制度の設計で右往左往していた。長引く低成長、不良債権処理などで、財政負担を増やせず、再生可能エネルギーのコストを国民に転嫁することもままならなかった。逆に、長期化する太陽光発電への補助への批判も高まり、2006年に資源エネルギー庁は補助制度を廃止してしまった。その結果、2009年に補助制度が復活するまで、太陽光発電の年間導入量はピーク時の7割程度まで減少したのである。

太陽光発電の導入量でドイツに追い抜かれて、補助金制度を復活したものの、成長する世界の市場には付いていけなかった。日本は太陽光発電市場で起きていた構造変化を捉えられなかったのである。住宅用市場に焦点を当てた日本市場では太陽光発電の効率が重視されたが、固定された単価でいかに収益性を上げるかが問われるFIT市場では、発電コストが最大の関心事であったのだ。

日本がグローバルな市場の動きについていけなかったのは、RPS制度に拘りすぎ、FITに懐疑的だったことが原因、との指摘もあるが、制度の違いは本当の原因ではない。問題の核心は、太陽光発電市場の競争上の鍵が技術から発電事業としての採算性に移っていたことに気が付かなかったことにある。発電事業としての採算性が重視されるようになると、発電効率は発電収入を高めるための一要素に過ぎなくなる。発電効

率が高く高価なパネルを買うよりも、発電効率が低いパネルを安く仕入れて、広く敷き詰めた方が有利になることは往々にしてある。

　発電技術が成長した後に、発電事業としての採算性が問われるようになるのは、発電技術の自然な発展プロセスだが、住宅という特定の市場で成果を上げたことが、グローバル市場の変化を捉えられなかったことにつがったのかもしれない。火力発電中心の時代の価値観を払しょくできなかったのも発電効率に拘り過ぎた理由の一つと考えられる。火力発電では発電コストの多くが燃料費であるため、発電効率を2～3％上げると採算性が大きく向上する。これに対して、燃料費がかからない太陽光発電は発電効率を上げても、設備費が高くなれば採算は良くならない。

　結果として、日本企業は本格的な大規模発電が立ち上がる時代に、投資で生産コストを下げ市場シェアを確保するという戦略を取れなかった。そこには半導体産業や液晶テレビの競争で敗れ去ったのと似た、戦略の転換点の見落としがある。

東西ドイツ統一が後押しした太陽光発電事業

　ドイツが世界に先駆けてFITを導入した背景には1990年の東西ドイツの統一がある。統一後のドイツは、旧東ドイツ地域に旧西ドイツ企業を誘致する目的で、設備投資に対する税額控除や補助などの産業振興策を講じた。その効果もあり、ザクセン州ではドレスデンを中心に半導体産業が育った。独インフィニオンなどの世界的な半導体メーカーが研究開発や生産の拠点を構え、ドレスデン工科大学は旧西ドイツ地域から資金を獲得して多数の研究開発プロジェクトを立ち上げ、ザクセン州がシリコンザクセンと呼ばれるほどの活況を呈した。それでも、旧東ドイツ地域全体としては人材流出が続き、東西の経済格差の縮小が重要な政策課題であることに変わりはなかった。

　そこでドイツ連邦政府が目を付けたのが、1997年の京都議定書発効

で地球温暖化対策への関心が高まる中、成長が見込める上、東ドイツ地域の半導体産業や化学産業と親和性の高い太陽光発電産業だったのである。既にドイツでも太陽光発電の研究は進んでいたが、有力なメーカーが育っていなかったため、ベンチャー企業の育成を図った。また、半導体メーカーの集積するザクセン州、その北の化学産業集積地アンハルト・ザクセン州、ザクセン州と並ぶ旧東ドイツ地域のテューリンゲン州に新たな産業特区を作って、シリコンなどの化学材料メーカー、太陽光発電のセル、モジュールなどの製造業を誘致した。政策の後押しと旧西ドイツ企業の投資により、1999年にアンハルト・ザクセン州にQセルズが立ち上がるなど、短期間で太陽光発電関連の企業が集積し、これらの地域はソーラーバレーと呼ばれるようになった。

　FITには太陽光発電産業を育成する目的もあった。初期投資に対する補助は設備価格を下げるインセンティブが薄いため、発電した電気の買取価格を保証することで発電事業者の収益インセンティブを高めたのである。その結果、発電事業としては比較的投資負担が少なく、メンテナンスが手軽で、地球温暖化対策として効果がある太陽光発電事業への参入が相次ぎ、2005年には太陽光発電の設備容量が143万kWに達し、日本をわずかながら上回った。

　旧東ドイツ地域の太陽光発電産業は急成長した。Qセルズは、アンハルト・ザクセン州などが出資するベンチャーキャピタルのIBGなどから資金を調達し、2005年には株式上場を果たし、2008年に太陽光発電設備の販売量で世界一となった。他にもソーラーワールド、ソーラーミレニアム、ソロンといった企業が育ち、ドイツは太陽光発電で世界をリードする立場となった。一方、日本国内では太陽光発電が世界のトップから引きずり降ろされたことで、政府の失策を非難する声やFIT導入を求める声が上がるようになった。

第1章 紅く染まる再エネ市場

三日天下だったドイツのトップ

　しかし、ドイツ勢の天下は長く続かなかった。尚徳太陽能電力（サンテック）など中国メーカーが低コストの太陽光発電パネルを武器に大挙して市場参入したからである。2000年前後に創業した中国メーカーは、ドイツ市場の成長が明らかになると、素早く反応してシェアを伸ばし始めた。サンテックの創業者のシ・ジェンロンは江蘇省の農村出身だが、オーストラリアのニューサウスウェールズ大学で電気工学の博士号を取得した技術者である。中国市場に環境に優しい太陽光発電を持ち込めば必ず成功できると考え、2001年に江蘇省無錫市で創業した。中国では鳴かず飛ばずだったが、技術力と語学力を活かしてドイツへの輸出に活路を見出した。2004年にはドイツ市場で大きくシェアを伸ばし、2005年にはニューヨーク証券取引所に上場した。

　サンテックの成功を見て中国メーカーが大挙してドイツ市場に参入し、2006年から2008年頃にかけて大規模な生産投資を行い、世界の太陽光発電市場を圧倒し始めた。河北省のベンチャー起業家ミャオ・リャンシェンが創業した英利緑色能源（インリーソーラー）、単結晶シリコンの製造会社から派生した晶澳（ジンアオ）太陽能（JAソーラー）といった企業が、汎用化されつつあった単結晶や多結晶シリコンの製品を大量生産し、低価格で市場投入した。日本や欧州の半導体製造装置メーカーが提供する太陽光発電製造装置を使って比較的に容易に生産できるようになっていたことが、中国メーカーのこうした戦略を可能とした。中国メーカーの製品は発電量の低下、発電停止などの懸念もあったが、圧倒的な低コストで発電事業者の支持を獲得して市場を席巻した。

　太陽光発電設備価格の急落に耐え切れず、ドイツメーカーは一気に苦境に陥り、2011年にソロン、ソーラーミレニアムが破たんした。2012年には、ついにQセルズが破たんして韓国のハンファに買収され、ドイツメーカーは総崩れ状態になった。

太陽光発電設備の価格低下を見て、ドイツ政府がFITの買取価格を下げると、中国企業の売上は収縮した。一方、2000年以降、石油価格、天然ガス価格の上昇が続く中、ドイツの市場拡大を見て再生可能エネルギーへの期待を高めたスペインとイタリアは追随してFITを導入した。中国メーカーは両国市場にすかさず参入し、国内メーカー育成のために高い買取価格が設定された市場で、価格競争力を武器に一気にシェアを奪った。

前述したように、国内市場が十分に立ち上がっていなかった中国メーカーは、当初から海外市場に焦点を当てた事業戦略を採った。これに対して、FITを背景とした国内市場を中心に事業を行っていたQセルズなどの企業が圧倒されたことになる。アウェイ市場での戦いに備えて練り上げた戦略やコスト構造を擁する中国企業の競争力が、国内事業を中心とした企業の競争力を上回ったのだ。

一方で、2010年頃にFITがEU各国で一巡すると、世界の市場全体は減速し、欧州の港には太陽光パネルの在庫が山積みになっていた。

サンテック破たんをものともしない層の厚さ

Qセルズの破たんは、EU各国で事業展開する中国メーカーにとっても他人ごとではなかった。当時、EU市場が世界の太陽光発電市場の50%以上を占めていたからだ。

2011年、中国メーカーを支えるため、国家発展改革委員会は「太陽光発電の買取価格に関する通知」により、買取価格を1kWhあたり1.15元（1元＝12.3円（2011年）換算で約14円）とするFITの導入に踏み切った。中国国内の太陽光発電市場は急成長し、中国メーカーは新たな収益源を確保できたが、太陽光発電の急増で電力会社（送配電小売を手掛ける電網会社）の負担が高まった。2016年、国家発展改革委員会はFITの年間保証運転時間を超えた電力については、一般の市場取引で売買させる「再生可能エネルギー発電買取保証電力量の購入に関する監

督」を定めて太陽光発電の導入抑制を図る一方、2016年12月に「再生可能エネルギー発展、13・5 計画」により、再生可能エネルギー分野に2.5 兆元を投ずる方針を示した。青海省、甘粛省などの広大な原野に数万から数十万kWの大規模太陽光発電所が次々と建設され、中国国内の太陽光発電市場は巨大化し、太陽光パネルメーカーの数はさらに増大した。(図表1-2-2)

　そうした中、EU市場で販売を拡大し2011年に世界トップメーカーとなったサンテックが2013年に破たんした。中国国内の市場が、技術開発型企業のサンテックパワーが付いて行けない価格競争型に転換したことを物語っている。サンテックは価格競争型の市場で闘うために、大規模な設備投資を行い生産コストを下げようとした。しかし、市場価格が思った以上に低下する中、販売が思うように進まず過剰在庫を抱えて資金繰りが悪化し、破産申立を行うに至った。

　中国政府による国内市場拡大策後の中国メーカーは、技術開発より

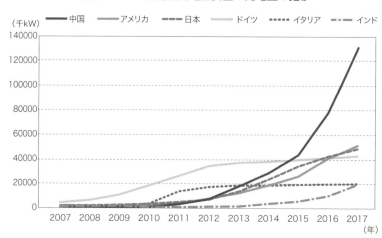

図表 1-2-2　太陽光発電主要国の発電量の推移

(出所：BP 統計をもとに作成)

生産効率化を徹底した。1997年に創業した天合光能（トリナソーラー）はセルの製造を外注し、モジュールを低価格で提供するモデルで成功し、サンテック破たん後の2014年に世界No1の太陽光パネルメーカーとなった。

なす術がない中国の独壇場

　世界最高のコスト競争力と世界最大の国内市場を手に、中国メーカーは世界の太陽光発電市場を席巻した。サンテックは破たんしたが、2012～2013年にはインリーソーラー、2014～2015年はトリナソーラー、2016～17年はジンコソーラー、と中国メーカーが入れ替わり世界のトップメーカーとなり、2017年には太陽光発電メーカーのトップ10のうち9社を中国企業が占めている。（図表1-2-3）

　世界の太陽光発電が中国メーカー一色となった要因は4つある。

　1つ目は、中国メーカーが当初からグローバル市場を対象に事業展開し、筋肉質の企業体制を作り上げたことである。自国政府の支援策で事業を拡大した企業は贅肉が付きがちだが、欧州市場に乗り込んだ中国メーカーはベンチャーとしての活力を維持して、EU各国のFIT市場というアウェイで競争力を高めた。FITを導入した国の太陽光発電市場は急速に成長してバブルとなり、市場規模が急落する、というプロセスを繰り返したが、中国メーカーはバブルのピークで利益を上げ、ピークを過ぎると手を引き、次の市場に移動するという戦略をとった。各国のFIT市場をグローバルに渡り歩くことで売上規模を安定的に推移させる中国メーカーも現れた。

　2つ目は、汎用化された製造技術を取り込んだことである。シャープが開発した薄膜型シリコンの太陽光発電などには目もくれず、徹底して技術が成熟しつつあった単結晶型シリコン、多結晶型シリコンの製品の量産化に注力し、生産性を上げた。大規模投資により生産能力を高めコストを低減させるビジネスモデルを作り上げ、技術的なイノベーション

図表 1-2-3　太陽光発電の出荷量ランキングの変遷

	2011		2012		2013	
	企業名	国名	企業名	国名	企業名	国名
1	サンテック	中国	インリーソーラー	中国	インリーソーラー	中国
2	ファーストソーラー	アメリカ	ファーストソーラー	アメリカ	トリナソーラー	中国
3	インリーソーラー	中国	トリナソーラー	中国	シャープ	日本
4	トリナソーラー	中国	カナディアンソーラー	中国	カナディアンソーラー	中国
5	カナディアンソーラー	中国	サンテック	中国	ジンコソーラー	中国
6	シャープ	日本	シャープ	日本	レネソーラ	中国
7	ジンコソーラー	中国	ジンコソーラー	中国	ファーストソーラー	アメリカ
8	サンパワー	アメリカ	JA ソーラー	中国	ハンファ Q セルズ	韓国
9	ハンファ・ソーラーワン	韓国	REC グループ	ノルウェー	京セラ	日本
10	京セラ	日本	ハンファ・ソーラーワン	韓国	JA ソーラー	中国

	2014		2015		2016	
	企業名	国名	企業名	国名	企業名	国名
1	トリナソーラー	中国	トリナソーラー	中国	ジンコソーラー	中国
2	インリーソーラー	中国	カナディアンソーラー	中国	トリナソーラー	中国
3	ジンコソーラー	中国	ジンコソーラー	中国	カナディアンソーラー	中国
4	カナディアンソーラー	中国	JA ソーラー	中国	ハンファ Q セルズ	韓国
5	JA ソーラー	中国	ハンファ Q セルズ	韓国	JA ソーラー	中国
6	レネソーラ	中国	ファーストソーラー	アメリカ	GCL	中国
7	シャープ	日本	インリーソーラー	中国	ファーストソーラー	アメリカ
8	ファーストソーラー	アメリカ	シュンフェン	中国	テルサンソーラー	中国
9	ハンファ Q セルズ	韓国	レネソーラ	中国	カナディアンソーラー	中国
10	サンテック	中国	サンパワー	アメリカ	ライセンエナジー	中国

	2017	
	企業名	国名
1	ジンコソーラー	中国
2	トリナソーラー	中国
3	カナディアンソーラー	中国
4	JA ソーラー	中国
5	ハンファ Q セルズ	韓国
6	GCL	中国
7	ロンギソーラー	中国
8	ライセンエナジー	中国
9	シュンフェン	中国
10	インリーソーラー	中国

(出所：PV tech)

より経済性という太陽光発電市場の変化を捉えたのである。

　3つ目は、中国政府が支援策を講じたことで、事業規模が拡大し、効率性を一層高めたことである。EU市場が縮小して中国メーカーが事業の縮小を余儀なくされたころ、中国政府の後押しで自国市場が巨大化した。グローバル市場で闘ってきた中国メーカーにとって、成長の場が天から与えられたに等しかった。

　4つ目は、現在の有力メーカーは、激しい競争を勝ち抜いた企業であるということだ。苛烈な国内市場の競争で脱落する企業もあったが、勝ち抜いた中国メーカーは高い競争力を獲得した。サンテック以外にもLDKソーラーなどが破たんする傍らで、世界No1メーカーが輩出し続け、さらに次をうかがう有力メーカーが育つという、国内の強烈な競争市場が強い企業を生み出した。

　世界最強となった中国メーカーは、日本、中南米、中東・北アフリカ、オーストラリア、トルコなど、世界中で太陽光発電事業を拡大させている。パリ協定を機に、太陽光発電は今後新興国、途上国市場に広がる。中国市場はいずれ飽和するため、巨大化した中国メーカーは海外市場で成長を維持しなくてはいけない。それができれば、太陽光発電で自国市場に投じた資金を回収することができる。中国がパリ協定に賛同した理由の一つがここにある。

　東日本大震災の混乱の中、日本は2012年に1kWhあたり40円という高値でFITを導入した。EU市場が成熟化し新たな市場を模索していた中国メーカーにとって日本市場は格好の標的となった。日本政府は当初日本の太陽光発電メーカーを重視する姿勢を示していたが、投資サイドから見れば、EU市場で十分な実績を重ねた中国メーカーのパネルを採用しない理由はなく、中国製の太陽光パネルを用いたプロジェクトが急増した。

　FITは、当時の菅政権による独断専行の印象が強いが、福田政権、麻生政権から検討が重ねられていた政策だ。住宅用太陽光発電を自家利用

した後の余剰電力の買取制度は、2009年の麻生政権下でスタートしている。そして、東日本大震災後に再生可能エネルギーへの期待が急速に盛り上がったことに乗じたロビー活動が展開され、国際標準をはるかに上回る買取単価が設定されたのである。上述した通り、それは、まるで中国メーカーのために仕組まれたとも思えるようなタイミングだった。現在では、日本市場における中国メーカーのシェアは50％を超えている。

中国メーカーは豊富な資金で他国の太陽光発電メーカーを買収している。2018年5月、トリナソーラーはスペインに拠点を置く追尾式太陽光発電システムの世界トップメーカーであるNCLAVE（エヌクレイブ）社を買収した。太陽光発電単体ではなく、IoTを活用した効率的な太陽光発電システムを提供する意思を示している。

中国メーカーはトランプ政権下のアメリカの金融市場の動きにも機敏に反応した。2017年、トリナソーラー、JAソーラー、カナディアンソーラー（本社はカナダだが中国出身クー会長が創業）は立て続けにアメリカ市場での上場を廃止した。これらの企業は中国の株式市場に再上場すると言われており、早々に資金調達のリスクを回避する手を打った形だ。

巨額の資金を手にした中国の太陽光発電企業は、研究開発力も増し、グローバルな戦略感も身に着けた。2018年に入り、中国政府は太陽光発電市場の見直しを行っているが、中国のトップメーカーは既に国内市場に翻弄される企業ではなくなっている。太陽光発電市場では、中国メーカーの勢いを止める勢力が見当たらないのが現状だ。

③ 欧米と拮抗する風力発電市場

産業基盤が必要な風力発電

　太陽光発電と同様、風力発電でも中国メーカーの存在感が高まっている。国内のFITが追い風になった点は共通しているが、シリコンウェハーを調達し、外販されている製造装置でセル、モジュールを作り、発電設備を簡単に設置できる太陽光発電と、巨大なタワーや風を受ける微妙な形状のブレードの設計、回転を支えるハブ、複雑なギアボックスの設計・製造、確実な建設技術等を要する風力発電は、技術構造が全く違う。部品などの調達のサプライチェーンが長く、工場や建設現場に熟練作業員を要し、メンテナンスのための在庫負担もかさみ、巨大構造物を建設するEPC（Engineering、Procurement、Construction 設計、調達、建設）能力等が必要となるため、海外技術の導入や事業規模の拡大、事業体制の維持等に工夫が必要になる。

　機械や建設・エンジニアリングなどの基盤があって初めて成り立つ産業でもある。実際の事業では、これらの分野の技術や事業体制を有する重電メーカーなどを母体とする企業が有利になる。デンマークのヴェスタス、ドイツのエネルコン、スペインのガメサといった企業は1970年代から風力発電に取り組み、先行してノウハウを蓄積した。エネルコンの創業者アロイス・ヴォベン氏は風力発電関連で世界第2位の特許数を誇る技術者であり、2017年にガメサと風力発電事業を統合したシーメンスは言わずと知れたドイツ最大の重電メーカーである。

　ドイツやデンマークの有力風力発電メーカーは、太陽光発電に比べて参入メーカーが圧倒的に少なく、事業環境が国内に近いEU統合市場で安定した成長を遂げた。EUでは、1984年創業のドイツのエネルコン、1983年創業しシーメンスに買収されたボーナスエナジー、風力発電を再生可能エネルギーの中核とし風力発電メーカー育成を国策としたデン

マークの企業が1986年に統合して生まれたヴェスタスなど、長年にわたり技術を育ててきたメーカーが市場をリードした。

アメリカでは、自動車産業などと関連が深い機械産業の裾野の広さと技術力が風力発電産業の成長につながった。GEは、電力取引事業を手掛け破綻したエンロンの風力発電事業を引き取り、テキサス、オクラホマ、コロラドなどの広大な荒野で風力発電事業を拡大した。そもそも、エンロンは経営危機にあったアメリカNo1風力発電メーカーのゾンド社を1997年に買収し、1995年頃まで独自の成長を遂げていたカリフォルニア州の風力発電事業を引き継いだ。それをGEは長年にわたり蓄積された技術力で受けとめ競争優位に立ったのである。ただし、アメリカ全体で見ると、2000年頃まで風力発電市場は大きな成長がなかったため、GE以外に世界トップクラスの風力発電メーカーが育たなかった。風力発電における技術蓄積の重要性がうかがえる。

粘り強く風力発電産業を育成した中国

上述したように、太陽光発電に比べ広い技術基盤が必要な風力発電の市場では、産業の歴史が浅い中国のメーカーは容易にビジネスを拡大できなかった。そうした中、中国政府は粘り強く自国メーカーの育成を図った。

2005年創業の中国国営風力発電メーカーの華鋭風電（シノベル）は、アメリカの制御装置メーカーAMSC社から技術を導入し、2010年には生産量世界第2位となった。しかし、制御ソフトを内製化できずにAMSC社のセルビア人エンジニアを買収して内製化を図る、という産業スパイ事件を起こし、海外市場からの撤退を余儀なくされた。

その後、中国の風力発電トップ企業の地位を引き継いだのが、政府研究機関が立ち上げ、時間をかけて技術を蓄積した新疆金風科技（ゴールドウィンド）である。ゴールドウィンドは、1988年に新疆ウイグル自治区の中国水資源局研究機関内に設立された風力発電事業を起源とす

る。そこから、1989年にデンマーク政府の支援でボーナス社からタービンを購入し、1996年にはドイツ政府の支援で風力発電設備を建設し技術者を育成し、1999年には中国独自技術のタービンを試作する、といった長年の取り組みを経て風力発電事業の基礎を作った。2001年に、新疆金風科技（ゴールドウィンド）となり、海外メーカーから導入した技術を活かしながらも独自の技術開発を進めた。

この他にも、国営発電大手中国国電集団の子会社である国電連合動力技術（ユナイテッドパワー）、国営重電メーカーである中国船舶重工業集団（CSIC）といった技術基盤のある企業が続く。

2015年には、ゴールドウィンドが風力発電設備の生産容量で世界No1の地位を獲得し、国営企業のユナイテッドパワー、CSIC、民間企業の明陽風電集団（ミンヤン）、遠景能源集団（エンビジョン）の5社がトップ10入りを果たした。（図表1-3-1）2017年には、ドイツ・シーメンス

図表1-3-1　世界のトップ風力発電機器（タービン）メーカー

	2010		2015		2017	
1	ヴェスタス	デンマーク	ゴールドウィンド	中国	MHIヴェスタス	デンマーク
2	シノベル	中国	ヴェスタス	デンマーク	シーメンス・ガメサ	ドイツ スペイン
3	GE	米国	GE	米国	GE	米国
4	ゴールドウィンド	中国	シーメンス	ドイツ	ゴールドウィンド	中国
5	エネルコン	ドイツ	ガメサ	スペイン	エネルコン	ドイツ
6	スズロン	インド	エネルコン	ドイツ	ノルデックス・アクシオナ	ドイツ
7	東方電気	中国	ユナイテッドパワー	中国	セルビオン	ドイツ
8	ガメサ	スペイン	ミンヤン	中国	ユナイテッドパワー	中国
9	シーメンス	ドイツ	エンビジョン	中国	エンビジョン	中国
10	ユナイテッドパワー	中国	CSIC	中国	スズロン	インド

（出所：Wind Power Monthly, Bloomberg NEF）

とスペイン・ガメサの風力発電部門が合併するなどにより、EUのメーカーの事業規模と投資力が拡大したため、EU勢がランキングに復活し、トップ10入りの中国企業は3社となった。しかし、トップ15を見ると中国企業8社が入っており、中国勢の厚みが増していることが見て取れる。

日本の風力発電は2000年頃から本格的な市場形成が始まり、2005年以降は一定の成長が見られたが、太陽光発電と比較すると政策的な開発予算が投じられず、積極的な導入策も講じられなかった。風況の良い広い土地が限られ、建設まで長い協議を経なければならない、など日本特有の状況が市場の拡大を阻んだ面もある。これまで本格的に事業に取り組んだ日本メーカーも三菱重工業、日本製鋼所など数社に限られている。機械、エンジニアリングなど産業が発達していたにも拘らず、国内市場の制約要因にFIT導入の遅れが重なり、世界トップクラスの風力発電メーカーが育たなかったのである。広大な国土と地道な育成策で世界的なメーカーが育った中国とは大きな差が開く結果となった。

中国メーカー成長の理由

中国メーカーが世界の風力発電市場で勢力を拡大した理由は6つある。

1つ目は、海外メーカーからのライセンスを受けて、設計・生産を重ね技術を吸収したことである。シノベルや東方電気は海外からの技術導入を軸に成長した企業である。現在では世界トップクラスの技術力を誇るゴールドウィンドも、当初はドイツ・リパワーからライセンスを受けて生産を始め、独自の設計を築き上げた。

2つ目は、海外企業との共同開発を通じた技術の獲得である。海外メーカーからのライセンスは信頼性の高い技術を短期間で導入できる一方で、長期間ライセンス条件に縛られるという問題がある。自由度の高い技術を手にすることは中国メーカーの大きな課題であった。ユナイテッドパワー、ミンヤンといった重電メーカーは海外の設計会社と共同

で技術開発を行い自由度の高い技術を手に入れた。中国の巨大な風力発電市場が、こうした共同開発を可能にした。

3つ目は、合弁や買収により海外メーカーの技術を手にしたことである。ゴールドウィンドに代表されるように、中国メーカーは、1990年代の風力発電の黎明期からデンマーク、ドイツ政府の協力を得て、国内市場に欧州メーカーの設備を導入し、技術者の育成と技術の吸収を進めた。2000年代に入って自主開発も始まったが、2007年の再生可能エネルギー中長期発展計画を契機に中国国内の風力発電市場が拡大のスピードを速めると、欧州企業との合弁が進み海外技術の吸収が加速した。

旺盛な電力需要を抱える一方で、石炭火力による大気汚染が深刻だった中国は、新疆ウィグル地区、内モンゴル地区などの大風況地帯に注目し、当時太陽光発電よりコストが低かった風力発電の産業育成を始めた。2009年には太陽光発電に先行してFITを導入し、1kWhあたり0.51

図表1-3-2　風力発電主要国の累積導入量の推移

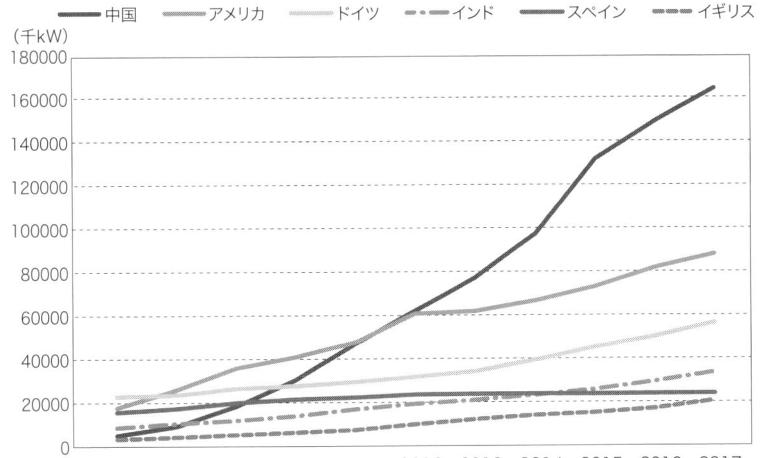

(出所:BP 統計)

～0.61元（7.0～8.4円）の買取価格を設定した。その結果、2011年に中国は年間導入量が世界最大の風力発電市場となり、2016年には、中国市場は年間導入量で世界全体の50％弱のシェアを占めるようになった（図表1-3-2）。

　旺盛な市場の拡大が、買収や合弁による積極的な技術導入を促した。ゴールドウィンドは2007年、ドイツのヴェンシスを買収しギアボックス無しで可変速できる回転子を用いた直接駆動型の風力発電の技術を手中に収めた（図表1-3-3）。世界一となった中国市場への参入を狙う欧州メーカーとの合弁も進んだ。2011年、シーメンスと上海電気は49％、51％の出資比率で、風力発電設備の開発生産会社と販売運用会社を設立し、シーメンスが技術提供、上海電気がローカルネットワークを活用したマーケティング、といった役割分担で事業を開始した。

　中国の風力発電メーカーが躍進した理由の4つ目は、国内メーカーの集約である。中でも、ゴールドウィンドが2008年から2010年にかけて国内同業他社を10社以上統合して国内技術を集約したことが、風力発電産業の成長を加速させた。長年にわたり国内に蓄積された技術が有力企業に結集され、開発、生産力が一気に向上したのである。

　5つ目は、海外から導入した風力発電技術を吸収するための機械やエンジニアリング能力のある中国企業が存在していたことである。世界的に見て、風力発電技術の開発では出遅れたが、中国の近代化の過程で育った重電メーカーの東方電気や造船メーカーの中国船舶重工業集団（CSIC）などの中国企業は、海外の風力発電技術を吸収するために十分な機械、エンジニアリングの技術を持っていた。これらの企業が、政府の技術開発支援を受けながら、海外技術を吸収し、独自の技術開発につなげていったのである。

　6つ目は、電力会社（発電会社）との協業である。国営の発電会社は政府の環境・エネルギー・産業政策に沿って風力発電事業を急拡大させ、中国メーカーから大量の設備を購入した。FITが施行されたこと

図表 1-3-3　ゴールドウィンドの発展経緯

時期（年）	出来事
1986-1988	・新疆水利水電研究所（水電）をもとに新疆風力エネルギー会社を設立
1988-1989	・新疆風力エネルギー会社は、デンマーク政府の寄付した320万ドルを利用して、デンマークのボーナス社製の13台の150KWユニットを購入 ・達坂城風力発電所は1989年10月に併網発電を実現し、当時の中国ひいてはアジアにおいて、設備の総容量の最大の風力発電所
1996-1997	・中国の風力発電の皆が自主的に600kW風力発電製造技術を導入し、科学技術部には国家「九五」の科学技技術活動計画に登録
1997-1998	・新疆風力エネルギー会社は新疆新風科工業貿易有限会社（金風科学技術の前身）を設立 ・国産化比率53％の系統接続による風力発電600kW（5機）
1999-2000	・600kW（10機）の国産化率75％の風力発電
2000-2001	・新疆金風科学技術株式会社が正式に設立 ・国家の「863計画」などの3つの国家級の科学研究プロジェクトを受託し、同時にドイツの750kWユニットの製造技術を導入
2001-2002	・ウルムチの総生産拠点を完成し、毎年600kW級風力発電設備を200台生産
2002-2003	・ドイツのパートナーと連携して設計された50kW級風力発電設備を通して運行 ・ライセンス契約から共同設計で自主開発に ・ドイツのヴェンシス・エネルギー有限会社と1.2MW直接駆動式の共同設計と開発技術譲渡契約を締結
2004-2005	・国家風力発電工程技術研究センターを設立 ・1機目の直接駆動式風力発電機1,200kWを新疆の達坂城風力発電所で運転開始
2006-2007	・1,500kWの直接駆動式風力発電機を達坂城風力発電所で運行 ・2007年12月に深圳株式市場に上場。約18億元を調達
2007-2008	・長期的な技術協力パートナーで、直接駆動式技術を持つドイツのヴェンシスを買収
2008-2009	・1,500kW（3機）の風力発電をアメリカのミネソタ州UILKプロジェクトを輸出し、系統接続に成功
2009-2010	・香港株式市場に上場

(出所：ゴールドウィンド Web Site)

で、国営発電5社（中国華能、中国大唐電力、中国華電、中国電力投資、中国国電）は経済的な負担を負うことなく、石炭火力への過度の依存を解消できるようになったため、こぞって風力発電事業に参入した。中でも風力発電メーカーのユナイテッドパワーを子会社に抱える中国国電は風力発電の比率が高い。中国の国営発電会社は発電事業者として社内にEPCの専門部隊を抱え、自ら発電設備の建設、立ち上げを取りまとめることができるため、風力発電メーカーは風力発電設備の設計、生産に事業資源を集中することができた。

短期間で拡大した海外展開

　巨大な電力需要に加え、世界的にも風況の良い広大な西部地域を抱える風力発電事業に適した環境を背景に、中国メーカーは自国内での大量生産によるコストダウンと海外からの技術導入を起点とした技術力の向上を果たし、欧米勢に対抗できる力を身に付けた。国内で蓄積した競争力を武器に、事業領域を自国市場から欧州、オーストラリア、インドなどに拡大している。

　太陽光発電に遅れを取ったが、2010年頃から中国メーカーが欧州でも存在感を見せている。ゴールドウィンドはタービン供給などで海外市場の実績を上げた。2016年頃になると、中国市場の拡大と国内企業の統合などで巨大化した中国メーカーの欧州進出が加速し、欧州風力発電設備の価格低下に拍車がかかっている。

　オーストラリアでも中国メーカーの活躍が目覚ましい。ゴールドウィンドは、2016年頃から、資金力にモノを言わせて風力発電所を買収して、マーケット検証を行い、2018年に入って風力発電所の建設を本格的に進めている。日本の3メガバンクが参画する、2019年発電開始予定のビクトリア州のプロジェクトも手掛けるなど、海外勢も巻き込んだプロジェクトの開発を進めている。

　インドは最近まで、中国勢が皆無の市場だったが、2018年に入り、

エンビジョンが20万kW規模のタービンを受注するなど、中国勢の影が見えるようになってきた。欧州のように、まずは主要部品で市場参入し、設備納入、発電所への投資、と事業が拡大する可能性がある。

洋上風力に頼る欧米勢

　近年、ヨーロッパでは風力発電の適地が限られるようになり、陸上風力発電の市場は成長が鈍っている。政策面でも、1990年代から風力発電市場の拡大に貢献してきた補助金が、デンマーク、ドイツ、オランダ、英国で2025年頃までに廃止される。ドイツ・シーメンスとスペイン・ガメサ、ドイツ・ノーデックスとスペイン・アクシオナなどの欧州風力発電メーカーが合併に走ったのは、市場が縮小する中で生き残るためだ。

　合併により投資余力を捻出した欧州メーカーが狙うのは洋上風力発電市場である。北海、バルト海は遠浅が広がり、陸上よりも風況がいい世界的な洋上風力発電の適地だ。洋上風力発電は、建設や送電線の整備にコストがかかるが、騒音の問題もなく、設備の巨大化による経済性の追求も可能だ。EUは電力市場統合政策に伴って海を渡る広域送電網整備の計画を立てていたが、洋上風力発電市場の拡大に合わせて、海洋送電網の整備を広げようとしている。

　欧州の電力会社も洋上風力発電に積極的に投資している。ドイツの電力市場EnBW、デンマークの電力会社エルステッドやスペインの電力会社イベルドローラは、2021年以降に運転を開始するドイツ国内の1,000万kW以上の洋上風力発電プロジェクトに、補助金に頼らずに資金を投じる。ドイツの電力会社RWE、エーオンも洋上風力発電への投資を加速させるなど、風力発電メーカー、電力会社、政策が連動する形でEUの洋上風力発電市場が急成長している。

　風力発電メーカーは洋上風力発電向けの巨大風車の開発に資源を集中している。三菱重工業とデンマークのヴェスタスの合弁企業MHIヴェ

スタスは高さ190メートル、出力9,500kWの巨大風力発電設備を製品化した。2018年11月にはベルギー沖のノースウェスター2プロジェクトへ設備納入することを明らかにしている。将来的には、高さ300メートル、出力12,000～15,000kWの設備を市場投入する計画とされる。そのためには、タワーの基盤となる海底に過度の負担をかけない、炭素繊維の使用量を増やしてブレードの重量を抑える、乱気流でも壊れないブレードの設計、など技術的な課題の解決が必要となる。

　今のところ、洋上風力発電市場は欧州メーカーの独壇場だが、いずれは中国メーカーと競合しなければならないだろう。中国政府は国内で洋上風力発電事業を育成し、風力発電産業の育成策を継続する方針だからだ。2010年にはシノベルの風力発電設備が上海東海大橋近海の中国初の洋上風力発電所に設置され、2011年には国電電力集団が江蘇省如東県沖にユナイテッドパワーの設備を使って洋上風力発電所を建設するなど、洋上風力発電を手掛けるメーカーの数が増えつつある。ゴールドウィンドを始めとする有力メーカーは、軒並み洋上風力発電の開発に豊富な予算をつぎ込んでおり、中国が洋上風力発電でも世界シェアを高める日は遠くないだろう。国内で力を蓄え、海外に一気に展開する、という中国のお家芸が洋上風力発電でも繰り返される可能性があるのだ。そうなると、中国メーカーが成長した分だけ、陸上風力発電市場より速いスピードで、中国企業が欧州の洋上風力市場で存在感を増すかもしれない。

急成長の蓄電池市場

アメリカのEV市場の立ち上がりと減速懸念

　ここ2、3年で電気自動車（EV）の市場が本格的に立ち上がる情勢となってきた。多くの自動車メーカーが技術開発を行いながら、本格的な製品投入ができなかったEV市場で、事業投資リスクを取ったのがアメリカのテスラであった。

　テスラは2003年にマーティン・エバーハード氏とマーク・ターペニング氏により創業された。社名はトーマス・エジソンが推奨した直流方式に対抗して交流方式の発電を押し進めたニコラ・テスラにちなんだとされる。自動車業界の常識を破ろう、という気持ちが込められたEVベンチャーである。起業家として著名なイーロン・マスク氏が創業1年後の2004年に参画し、2008年にCEOに着いてから本格的な成長を遂げた。EVの商用化の課題となっていた蓄電池のコストを大量生産で下げる独創的なモデルを採用してロードスターを市場投入し、モデルS、モデルXとつなげて販売台数を伸ばした。

　テスラは普及タイプのモデル3の量産を意識して、創業以来同社が競争力の源泉としてきた蓄電池の生産ラインに大規模投資を行った。ニューメキシコ州に建設された巨大な蓄電池工場群（ギガファクトリー）の年間生産量は既に20GWhを超えている。この工場建設の投資リスクを共同で負ったのがパナソニックである。2010年頃までアメリカは自国の蓄電池メーカーを育成してきた。車載蓄電池市場の創成期に注目されたのはアメリカのエナデル社である。しかし、先行して事業を立ち上げたものの、市場の立ち上がりが遅れ収益を上げられず、伊藤忠商事の出資を受けて生き延びたが、2012年に破たんした。A123システムズは、ブッシュ政権、オバマ政権から200億円を超える技術開発支援を受け製品化にこぎつけたが、やはりEVの普及が遅れ2012年に破たん

し、中国の万向集団に救済された。自国のベンチャーがEV市場を先導したにもかかわらず、市場の立ち上がり始めた時には自国の蓄電池メーカーが生き残っていなかったのである。

皮肉な歴史を振り切って独自の蓄電池技術を開発し、EV事業を立ち上げたテスラだが、ここに来て苦戦が続いている。2018年に入ってモデル3の生産拡大に手間取って資金状況が悪化し、投資家やアメリカ証券取引委員会（SEC）との間に軋轢が生まれた。投資家の懸念はイーロン・マスクCEOの言動だけでなく、アメリカEV市場の変化にも向けられている。トランプ政権になってから、自動車の排ガス規制、燃料規制が緩和される方向となり、2030年のEVの普及予測は大幅に抑えられた。アメリカのEV市場は今後成長が鈍化する可能性がある。

世界の過半を占める中国のEV市場

一方で、中国のEV市場がアメリカを大きく上回って成長している。中国政府は2011年から2015年までの第12次5カ年計画で、EV、プラグインハイブリッド自動車（PHV）、燃料電池自動車（FCV）（新エネルギー車）を50万台普及することを打ち出したが、同5ヶ年計画が終了した時点で、普及台数58.3万台と目標を超過達成した。2016年から2020年までの第13次5カ年計画では、新エネルギー車普及台数の目標を一気に10倍の500万台まで引き上げた。

中国工業情報化部、国家発展改革委員会、科学技術部は2017年4月に発表した「自動車産業の中長期的発展計画」で、中国の自動車市場は2020年に3,000万台、2025年に3,500万台まで拡大すると予測した上で、第13次5か年計画を踏まえて、2020年までに国内の新エネルギー自動車の年間生産販売量を200万台にするとの計画を発表した。そのために、コア技術であるカーエレクトロニクス、蓄電池、モーターなどの技術を2020年までに世界トップ水準まで育て上げ、世界トップ10に入る新エネルギー車メーカーを数社育成するという計画である。さらに、

2025年には、自動車販売に占める新エネルギー車の割合を20%以上にすることにも言及している。政府の方針を受けて、中国自動車メーカーのEVシフトが進んでいる。2017年には中国のEVの累積導入台数は約120万台に達し世界の40%のシェアを占め、2017年の販売台数では58万台と世界の50%のシェアを占めている。

今後、中国市場が世界のEV市場をリードするのは間違いあるまい。それに伴い、EVの中核技術である蓄電池市場も大きな成長が見込まれる。(図表1-4-1)

図表1-4-1　中国での車載蓄電池の出荷推移

2012-2017年中国動力電池出荷量統計
単位:GWh

（出所：前瞻産業研究院『2018年動力リチウム電池業界発展現状分析』
http://nev.ofweek.com/2018-05/ART-71001-8420-30234804.html）

新エネ車動力電池需要量の予測
単位:GWh

（出所：中国産業情報『2018年動電池業界現状分析及び発展方向分析』
http://www.chyxx.com/industry/201803/616404.html）

第1章　紅く染まる再エネ市場

　これまでガソリン車を手掛けてきた北京汽車は、2017年に世界のEVの生産台数のランキングで、2016年の42位からジャンプアップし、世界トップに躍り出た。EV市場で従来の自動車メーカーの事業資産が生きることの証しでもある。
　一方で、EVの中核技術である車載用蓄電池は、太陽光発電の初期のように、既存の市場構造にとらわれず参入できる余地がある。
　リチウムイオン電池では、太陽光発電パネルのように、製造装置メーカーが汎用的な生産技術を供給している。パナソニックを始めとするリチウムイオン電池メーカーが立地する関西エリアには、材料の攪拌、金属箔への塗布、金属箔の裁断を含む正極材と負極材の製造、正極材と負極材の間のセパレータの製造、電池の枠組みの組み立て、電解液の注

図表 1-4-2　2017年中国リチウム電池業界競争力ランキング

ランキング	メーカー名	量産規模	顧客企業（完成車メーカー）	蓄電池の特徴	主要工場
1	宁德时代新能源科技股份有限公司（CATL）	現在合計で動力電池産能約18Gwhを有し、2017年のリチウム電池出荷量は11.84GWhで、世界一位	北汽、吉利、上汽、華晨宝馬、宇通、中通、南車時代など	三元を電池材料として大幅に製品のエネルギー密度を上げ、最高240Wh/Kgに達する。長寿命の電芯を導入し、使用寿命は15年15000回の循環に達する。電芯は非常に強い環境適応性を持ち、−30°から60°の区間では各性能を安定化	青海時代新能源科技有限公司 江蘇時代新能源科技有限公司 時代上汽動力電池有限公司 広東邦普循環科技有限公司（佛山）
2	比亜迪股份有限公司（BYD）	現在合計で生産能力約16Gwh	主にBYDに供給する	方形リン酸鉄リチウム電池と三元動力電池	恵州、深セン
3	万向一二三股份公司（Wanxiang 123）	現在生産能力約2Gwhである	上汽通用、長安、奇瑞、広汽、上汽、海馬、ルノー、ポルシェ、大衆、クライスラー、karmaなど	高エネルギー動力電池は、高ニッケル三元材料とシリコンカーボン材料を採用し、高エネルギー密度の動力電池の電池開発は万向が独自の知的財産権を持つultraphosphate正級の材料	杭州研究開発製造基地（主にソフトバック動力電池を生産する） 常州円柱型電芯基地

4　急成長の蓄電池市場

4	深圳市比克电池有限公司 (BAK)	2016年末産能は2.5Gwhで、2017年に8.0Gwhに達し、2020年の計画生産能力は15Gwh	衆泰、吉利、一汽、河北御捷、海馬乗用車、大衆、力帆、江淮、華晨宝馬、奇瑞など	液体リチウムイオン電池、ポリマーリチウム電池、リン酸のリチウム電池の分野で開発した複数の特許	深セン、鄭州などで生産基地を有し、2017年11月比克項目園が済寧経済開発区で設立した。
5	孚能科技（贛州）有限公司 (Fransis)	現在動力電池生産能力は3Gwhで、2017年末に5Gwhまでに拡大し、同時に会社は三期項目10Gwh建設を速やかに推進しており、2018年末に産能が15Gwhに達し、2020年に35Gwhに達する予定	北汽、江鈴、長安	主にマンガン酸リチウムイオン自動車動力電池を生産する	2016年12月10GWH動力リチウム電池項目は贛州経済開発区で建設し始めた。2017年12月孚能電池項目は株洲で設立し、製品は主に相応の北汽新能源株洲工場の電池システム
6	国軒高科股份有限公司 (Guoxuon High-tech Power Energy)	2017年の国軒高科はすでに3GWhの三元電芯、7GWhの燐酸鉄リチウム電芯の生産能力が備わっている。2018年に元の産能基礎で新しく10GWhの産能を増やし、2020年末に30GWhの産能水準に	江淮、奇瑞、衆泰、上汽、北汽新能源など	正級材料：リン酸リチウム、三元材料	合肥市庐江県、青島、合肥市、南京、昆山
7	天津力神电池股份有限公司 (Tiangin Lishen Battery)	10GWhのリチウム蓄電池の年間生産能力	東風、華泰、江淮、衆泰、現代、華晨、一汽、北汽、上汽、長安、吉利等	リン酸鉄リチウム、三元の2本の技術路線	天津、武漢、蘇州、綿陽、青島
8	天津市捷威動力工業有限公司（JEVE）	1.5Gwhの年間生産能力	長安自動車、東風自動車、衆泰自動車、奇瑞自動車など	三元のソフトパック電池とチタンリチウム電池の生産と販売	天津
9	北京国能电池科技有限公司 (Beijing National Battery)	国能電池は6本の高性能リチウム電池生産ラインを持ち、年産20億Ahの産能を実現	安凱客車、江蘇九龍、東風、蘇州益茂、安达尔、南京金龍など	その製品はソフトパック三元とリン酸リチウム電池を含む製品群	北京に本社を置き、現在、北京、河南中牟、浙江海塩、湖北襄陽、江西南昌、福建竜岩などの8つの生産拠点を保有している
10	中信国安盟固利电源技术有限公司 (Beijin CJTLC Guoan MGL)	現在、盟固利動力電池産能は約0.5Gwhで、2020年には8Gwhに達する予定である	福田自動車、広汽グループ、上汽グループ、北京自動車、青年自動車、東風自動車	マンガン酸リチウム高電力電池を主要製品としている盟固利動力科技は、中国のphev商用車市場の分野で優位を占めており、中国の大部分のphevバスの供給者	天津

（出所：EVTank、各社ホームページ）

43

第 1 章　紅く染まる再エネ市場

入、外装組立といったプロセスごとに生産設備を供給する企業が育っている。同じような製造技術の供給体制は台湾や韓国にも広がっており、中国市場の成長を見込んで、新規参入が相次いでいる。(図表1-4-2)
こうした蓄電池技術のサプライチェーンを取り込んで、中国でも蓄電池市場への参入が相次ぎ、中国の蓄電池生産世界シェアは2017年に40％に達している。既に、中国は世界最大の蓄電池市場なのである。

あっという間に世界のトップに立った蓄電池会社CATL

中国を代表する車載蓄電池メーカーと言えば、EVメーカーでもあるBYDが有名だ。しかし、2017年に12GWhの蓄電池を出荷し、パナソニックを含む競合を押さえて世界トップシェアに駆け上ったのは、地方都市である福建省寧徳市に本拠地を置くベンチャー企業の寧徳時代新能源科技（CATL、Contemporary Amperex Technology）だ。(図表1-4-3)

図表1-4-3　車載用蓄電池メーカーランキング（2017年はリチウムイオン電池）

	2014		2016		2017	
1	Panasonic	日本	Panasonic	日本	CATL	中国
2	AESC	日本	BYD	中国	パナソニック	日本
3	LG化学	韓国	LG化学	韓国	BYD	中国
4	BYD	中国	AESC	日本	沃特瑪	中国
5	GS Yuasa	日本	GS Yuasa	日本	LG化学	韓国
6	サムソンSDI	韓国	サムソンSDI	韓国	国軒高科	中国
7	BPP	中国	EPower		サムスン	韓国
8	ACCUMotive	ドイツ	BPP	中国	北京国能	中国
9	Air Lithium		Air Lithium		BAK	中国
10	Tianneng	中国	Wanxiang	中国	孚能科技	中国

〔出所：EV Obsession、高工産業研究院（2017年、日本経済新聞2018/5/23 引用）〕

CATLのが急成長できた要因は3つある。

1つ目は、日本企業の品質管理のノウハウを導入できたことである。CATLの前身は、以前TDKが買収した香港の蓄電池製造会社・新能源科技ATL（Amperex Technology）の寧徳市の製造会社（寧徳新能源科技（Ningde Amperex Technology））により、車載用蓄電池を製造するために2011年に設立された会社だ。現在、CATLはTDKとの資本関係はないが、TDKが関与したことで品質管理の体制ができ、中国企業の中では品質が高いと評価されるようになった。

2つ目は、新しい技術にこだわらず、大規模な投資を行い生産コストの低減に徹したことである。蓄電池市場の動きは太陽光発電市場と似ている。日本企業は蓄電池の開発でも高性能を追求した。そのために、パナソニックのニッケル・コバルト・アルミニウム（NCA）系リチウムイオン電池のように自社開発の技術に拘った。一方、CATLはATLが既に開発していたリン酸鉄系やニッケル・マンガン・コバルト（三元系）リチウムイオン電池に注力し、大量生産でコストを下げる戦略を採った。低価格を武器に欧州メーカーの車載用蓄電池供給に成功し、規模を拡大、現在では日産自動車など日本メーカーとも取引を始めている。

図表1-4-4　中国政府による車載用蓄電池の支援先例

企業	補助金額（元）	主導機関	所属プロジェクト
国軒高科	1億	科技部	国家重点研究開発計画「新エネルギー自動車」等10重点プロジェクト2016年度プロジェクトスケジュールについて掲示する通知
寧徳時代（CATL）	1億		
天津力神	9100万		
湖南杉杉	——	工信部	2016年スマート製造総合標準化と新モデル応用プロジェクトの開示
天能能源	——		
国軒高科	1.17億		

（著者作成）

3つ目は、中国政府のEV関連の補助金である。寧徳市出身のCATLの創業者ロビン・ゼン氏は、当初は寧徳新能源科技（Ningde Amperex Technology）の経営者であった。ゼン氏は自己資金で工場を立ち上げてTDKからも資本を受け入れたが、中国政府のEV振興政策を機に、CATLを立ち上げ、ATLからの出資を引き取って車載用蓄電池の市場に注力した。その後中国政府は、中国メーカーの車載用蓄電池開発を補助する政策を施行した。（図表1-4-4）EV市場で主導権を握るために中国メーカーに絞って補助を行うという中国政府の意向を捉え、ゼン氏は海外資本を引き取って政府の補助金を存分に活用したのだ。寧徳市が中国政府が力を入れる電池産業都市であったことも有利に働いたとの指摘もある。

　2018年6月、CATLはさらなる成長に向け、深圳証券取引所に上場した。そこで得た資金で、2018年7月にドイツ・チューリンゲン州と1,000億円を投資して工場を新設することで合意した。この工場が稼働すると、2021年に、2017年の自社の出荷量12GWhを上回る14GWhの蓄電池が生産されることになる。CATLは2020年の生産能力の目標を80GWhとしている。2021-22年頃には100GWhを超え、テスラや韓国のLGなどの競合他社を寄せ付けない生産規模に達すると見られている。BYDが自動車の生産規模に応じて蓄電池を生産したのに比べ、CATLは蓄電池に特化したため、思い切った生産投資や蓄電池の専門的な知見を有する技術者の大量採用に踏み切ることができたのである。

追随難しい日本企業

　中国政府は自国市場で世界的な蓄電池メーカーを育てる方針である。一時期200社がしのぎを削ると言われた中国の蓄電池市場は、品質規制で絞り込まれたものの、いまだ100社程度の企業が競い合っている。太陽光発電と同じように、国内での熾烈な競争を経て、世界のトップをうかがう有力企業が続出する可能性がある。今はCATLが先頭を走っ

ているが、CATLに匹敵する開発投資を行っているメーカーは他にもあり、どこが勝ち残るか分からない、という層の厚さが中国市場の強さの源泉だ。

　TDKは世界一となる中国の車載用蓄電池でのチャンスをCATLに譲ったことになるが、そこには2つの理由がある。

　1つ目は、中国政府が自国企業の育成を望んでいたことである。中国市場の車載用蓄電池の9割以上は中国メーカー製である。中国政府が中核技術と捉え、国内企業を対象に政策支援を行った場合、海外企業にとって市場参入の障壁は高くなる。政府が供与する補助金は中国企業でなければ実質的に利用できないからだ。その上で、巨大市場をバックに思い切った投資を行う中国メーカーと伍するのは容易でない。中国市場での蓄電池メーカーは政府の市場創造戦略の上で成長しているのである。

　2つ目は、日本の国内市場の成長が限られていたことである。大規模な設備投資を行い、生産コストを下げる戦略は、大きな市場を見込めてこそ成り立つ。頼りとする市場が国内であれば投資リスクの判断もし易いが、日本がEVに必ずしも積極的でなかったため、TDKは大きな投資に踏み切れなかったのではないか。2017年時点では、TDKの石黒社長は、四輪車の蓄電池を手掛けないと発言している。TDKは家電用の電子部品をコア製品としているため、蓄電池分野でも自社開発したスマホ用のリチウムイオンポリマー蓄電池がコア製品となっている。同じ蓄電池でも畑違いの車載用蓄電池市場であったことが、投資を控える理由になった可能性がある。

資源からEVまでのサプライチェーンを押さえる中国

　蓄電池の製造にはリチウム、コバルト、ニッケル、マンガンといったレアメタルが不可欠だ。レアメタルの価格は1トン当たり、リチウム24,000ドル（炭酸リチウムベース、2018年2月時点の中国指標価格）、

コバルト55,000ドル（2018年10月31日時点のLME価格）、ニッケル11,625ドル（2018年10月31日時点のLME価格）、マンガン1,200ドルと高い。鉄の522ドル（2018年10月31日時点のLMEの鉄筋価格）と比較すると2〜10倍にもなる計算だ。レアメタルを安定的に低価格で調達できる環境を作ることは蓄電池ビジネスの競争力の鍵になる。

　現在、世界のレアメタルの供給を押さえているのは中国である。蓄電池の中核材料であるリチウム化合物の生産では世界一だ。国内に鉱山を持つだけでなく、南米やオーストラリアなどの海外の鉱山の権益も積極的に獲得している。世界のリチウムの採掘は、チリのソシエダード・キミカ・イ・ミネラ・デ・チリ（SQM）、アメリカのアルベマール、ドイツのケアメタル、アルゼンチンのFMC Corporation（FMC）、オーストラリアTalison Lithium Limited（タリソン）が約7割のシェアを押さえる寡占市場である。その中で、オーストラリアのタリソン社は、中国ティアンキ社が51％を出資しており、実質的に中国資本の支配下にある。さらに、2018年5月の報道によれば、深圳証券取引所に上場する天斉リチウムが、SQMの株式24％を40億7,000万ドル（約4,500億円）で買収する予定であるとされ、中国の市場支配力は着々と強化されている。コバルトはアフリカのコンゴ共和国が世界の6割を生産しているが、中国はその採掘権の多くを握っており、採掘されたコバルトの大半が中国に輸出されている。隣国のザンビアでも中国が採掘権を握っており、アフリカで中国の権益が広がっている。

　こうして権益を得たレアメタルを使って、100社を超える中国メーカーが蓄電池を製造し、中国の蓄電池の生産量は世界の4割を占めるに至っている。その勢いが止まる気配はない。

　EVについては、2017年末時点で、中国の累積導入台数は世界の4割を占め、北京汽車は販売台数でテスラを抜いて世界トップのEVメーカーとなった。2025年頃には100万台を超えるEVの廃車が出ることが予想され、これから中国国内に大量の廃蓄電池が出回ることになる。

2016年、国家発展会改革委員会や工新部が「電動自動車動力電池リサイクル利用技術政策」を公表した。2017年には「新能源汽車動力蓄電池回収利用管理暫行弁法」で法律的な体系を整えた上で、「自動車用電池リサイクル・解体規範」で具体的ルールを定めるなど、中国政府も矢継ぎ早に対策を講じている。蓄電池のリユース・リサイクル市場は、中国が世界の市場をリードする可能性が高い。ここで大きな市場ができれば、どこの国も次世代の中核技術として重視する蓄電池について、原材料の調達、生産、EVでの利用、リサイクルという完結したバリューチェーンについて中国が圧倒的な影響力を持つことになる。

第2章
欧米主導が崩れた従来型エネルギー市場

1

挽回不能の蒸気タービン市場

先進国有利であったはずのタービン技術

　火力発電の内燃機関は技術的に複雑な構造をしているため、太陽光発電に比べると、新規参入者が既存勢力の優位性を崩すのは難しいとされる。中でもタービンの設計、製造は火力発電の中核をなす技術であり、火力発電市場を先行してきた日欧米企業が優位であった。日本企業は戦前、戦後の技術開発、欧米の技術協力、高度経済成長時代の国内市場の恩恵により独自の技術を積み上げてきた。それでも、欧米先進国に追いつくのは容易なことではなかったが、今では世界の主要重電メーカーの一角を占めるようになった。技術の構造や自らの経験から、タービン市場は新興国企業に覆されることなく、安定的で、変化があっても緩やかなものだと考えられきた。

　しかし、安定していた火力発電市場にも国際的な変化の波が押し寄せている。一つは、地球温暖化対策の国際的な議論が活発になるにつれ、CO_2発生量の多い石炭火力への批判が高まったことだ。将来は廃止されるべき発電技術との議論が始まると、投資リスクを懸念する金融界は、いずれ社会的な圧力や規制のため使い物にならなくなり投資資金が回収できなくなるリスクを感じ取り、火力発電事業への投融資を控えるようになった。石炭火力発電関連の資産は座礁資産とも叫ばれるようになっている。

　こうした金融界の動きや地球温暖化に関する国際的な議論の影響により、日米欧の重電メーカーの石炭火力事業は縮小を余儀なくされつつある。しかし、各国の発電ポートフォリオを見ると、中国、インドを始めとする多くの新興国・途上国は石炭火力発電を廃止できるような状況にはない。また、先進国でも石炭火力への依存度は依然として高く、脱石炭の実現が完全に見えたとは言えない。

一方、技術的に見ると、CCSやIGCC（石炭ガス化複合発電）の導入を前提に石炭火力が許容される可能性はある。

　中国ではIGCCの開発が進んでいる。2012年12月には、華能天津のIGCCデモンストレーション発電所が稼働した。中国5大電力の華能集団が独自で開発した技術とされ、設計上の発電効率は48％に達し、2016年、連続運転時間100日間を達成した。このIGCC技術は現在、米ペンシルベニア州の電力会社EmberClear（エンベークリア）社の266MWIGCC、米SummitPower社のテキサスクリーンエネルギープロジェクト（IGCCポリジェネレーション）などにも導入されている。

　一般に、中国メーカーはコスト競争力が高い。例えば、GEなどの大型風力発電設備の単価は7、8千元／kW程度だったが、中国企業が参入すると、市場価格は4千元／kW程度に急落した。太陽電池のセル、太陽光インバーターなどでも中国企業の参入により単価は大幅に下落した。現状では、IGCCは高価な発電技術だが、中国メーカーが本格的に事業化すると、画期的な単価が実現するかもしれない。

　将来の世界のエネルギー需給を踏まえれば、現在の石炭火力の大幅な需要減は、将来の低炭素型電力システムの整備に向けた調整段階と考えられる。しかし、国際的な議論を背景とした批判、金融界や投資家からの圧力などで、日欧米企業は事業投資に踏み出せないのが実態だ。実際、足元の事業環境の悪さもあり、日本では技術者の雇用も難しくなっている。その分、発電事業の中核技術であった蒸気タービン関連事業の収益も悪化している。

蒸気タービンの技術革新と進む国産化

　日米欧の重電メーカーが蒸気タービン事業で苦しむ一方、成長を続ける中国市場を背景に中国メーカーは蒸気タービン市場で世界No1となった（図表2-1-1）。

　最近では、環境汚染対策のために石炭から天然ガスへの転換を進めて

いるが、それでも、中国の全発電設備容量に占める石炭発電の割合は高い。中国政府は今後も石炭火力の割合を半分程度にするとしているため、国内で巨大な石炭火力発電市場が維持されることになる。また、天然ガスのコンバインドサイクルでも蒸気タービンが用いられるために、日米欧の重電メーカーに比べると、潤沢な国内市場で事業ができることになる。

後述するガスタービンの導入が、自主開発、ライセンス、買収など二転三転したのと異なり、蒸気タービンについて中国は研究開発、設計、製造を一貫して、かつ体系的に取り組んできた。

新中国の設立後まもなく、1953年に、蒸気タービンの設計と生産をする専門企業、上海汽輪機工場（現在上海電気集団傘下）が設立された。同社は「中国の蒸気タービンを育てる揺り籠」と言われ、その後、ハルビン汽輪機工場、東方汽輪機工場、北京重型電機工場など8つの企業が相次ぎ設立された。上海汽輪機工場は1955年に中国初となる6,000kW蒸気タービンを製造した。1964年になると、ハルビンタービン工場が初の10万kW級ユニットを納入し、1972年には20万kW級蒸気タービンが運転開始、1974年には30万kW級ユニットが運転開始と着実に国産化の実績を積み上げた。その結果、1970年代に輸入された20〜32万kW火力発電ユニットが10台にとどまり、1970年代末には国産のユニットが火力発電の総設備容量の70%を占めるようになった。

中規模タービンの国産化の目途がついたことで、1980年代になると、海外から大型蒸気タービンの技術を導入し国産化に取り組んだ。上海電気はドイツのシーメンス、東方電気は日立、ハルビン電気は三菱重工と合弁やライセンスの形で技術導入を進めた。1987年、米国から輸入された技術で作られた30万kW級の蒸気タービンが運転を開始し、1989年には、同じく輸入技術で作られた60万kWユニットが導入された。2002年になると、ハルビンタービン工場がウェスティンハウスと協働で、中国で初めて原子力発電向けに65万kW級タービンを製造した。

中国政府が、2001年のWTO加盟後、電力不足の問題を解決するため電源開発に一層注力したため、蒸気タービンの製造技術は追い風を受けて急速に発展し、30万kW～60万kWの蒸気タービンについても国産化率95％を実現した。

中国市場をリードする重電メーカー

発電需要の拡大と技術導入により、蒸気タービンの製造技術を持つ重電メーカーが数多く育った。その頂点に立つのが、上海電気、東方電気、ハルビン電気であり、3社が生産する蒸気タービンの世界市場でのシェアは60％を超えるとされる。しかも、このうちのほとんどは中国国内向けである。

上海電気集団は1955年に中国最初の蒸気タービンを製造した火力発電分野のリーダー的な企業だ。現在、世界最大の石炭発電設備のサプライヤーであり、2017年の蒸気タービンの生産量は3,321万kWに達し、

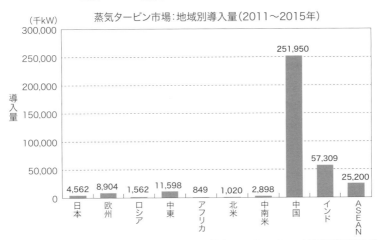

図表 2-1-1　蒸気タービンにおける世界シェア

（出所：McCoy Power Reportより三菱総合研究所作成）

100万kW超超臨界発電設備の受注台数と稼働台数で世界一位となっている。2018年には、100万kW超超臨界二段再熱蒸気タービンを開発しアジア電力賞を受賞するなど技術力も高い。上海電気集団は傘下に、1995年に米ウェスティングハウスと作った合弁企業、上海汽輪機有限公司（中国側筆頭株主）を有していたが、1999年にウェスティングハウスが持ち株をドイツのシーメンスに売却したため、米国とドイツの製造・管理技術を導入することができた。同社の火力発電および原子力発電用蒸気タービンの国内シェアは35％に達する。

　上海電気に次ぐ規模の東方電気は、1958年に設立されたボイラー、蒸気タービンなどを生産する企業であり、水力発電設備ではシェア世界一を誇る。原子力発電でも、後述する新鋭国産原発「華龍一号」の蒸気発生器、蒸気タービン、CAP1400の蒸気タービンを開発し、パキスタンで建設されている原子力発電所にも納入した。現在では、E級、F級、J級（入口の温度により、ガスタービンはA級からH級に分かれる）ガスタービン、蒸気タービン、発電機、余熱ボイラー、ガス機制御などにラインアップを広げている。蒸気タービンの中国国内市場シェアは約30％である。

　ハルビン電気集団の傘下のハルビン汽輪機工場は、1956年に設立された、蒸気タービン、重型ガスタービンなどを設計、生産する専門企業であり、中国初の2万5千kW、5万kW、10万kWと20万kWの蒸気タービンを製造した。1980年代には、ウェスティングハウスから30万kWと60万kWの蒸気タービンの設計と製造技術を導入し、1986年に中国初の60万kW蒸気タービンを製造した。超臨界についても、三菱電機から技術を導入し、超臨界蒸気タービンを共同設計、共同生産した。超臨界については60万kW蒸気タービンの実績もあり、IGCCの開発にも取り組んでいる。

　中国では日本と異なり、電力会社が発電プラントのEPCを担い、重電メーカーは設備を供給する。中国のその電力会社の要請に従って、重

電メーカーは桁違いの規模のタービンなどを納入してきたため、設計、製造に事業資源を集中することができた。タービンのように成熟した技術は、どれだけの数の設計、生産を繰り返したかが技術力の向上に大きく影響する。改善の積み重ねが技術力の鍵だからだ。その意味で、電力会社が発電所のEPCを担う下で、設備の開発、設計、生産に集中できたことは、中国の重電メーカーの技術力の向上や収益に大きく貢献してきたはずだ。

2017年には市場の成熟と天然ガス火力への移行で、蒸気タービンのコストが大幅に下がった。35万kWは4,200万元／台、66万kWは7,350万元／台、110万kWは12,250万元／台、と概ね30％下落した。

こうした状況を受け、中国企業は今後海外展開を強化すると考えられるが、日本の重電メーカーが発電会社に対して営業をかけるのに対して、中国の重電メーカーはEPCを担う企業に対して営業をかけることになる。したがって、中国の重電メーカーの海外展開の成否は電力会社との連携による面があるが、設備の設計、生産に特化することで高めたコスト競争力により他国のEPC企業への売り込みに成功する可能性も十分にある。今後の中国重電メーカーの海外展開の帰趨と成果が注目される。

AI／IoTが縮める先進国との技術格差

世界中でAI／IoTを生かして、プラントのエネルギー効率や生産効率を上げようとする動きが加速している。

例えば、GEは火力発電所のタービンをはじめとする様々な設備にセンサーを設置して、運転データをリアルタイムに収集・分析するAI／IoTのシステムを導入している。分析結果をもとに発電設備をリアルタイムで最適制御できるため、稼働率や発電効率が向上して燃料費やCO_2（二酸化炭素）排出量が削減される。AI/IoTを駆使した遠隔監視システムも開発しており、運営コストの大幅な削減を図っている。こうした取

り組みから得られたデータを活用すれば、メンテナンスや修繕コストの最適化や、群管理による複数施設の運転維持管理の最適化を図ることが可能となる。

　日本でも、NECが独自開発した「インバリアント分析技術」は、様々な設備に設置したセンサーから大量のデータを収集して運転状況を監視・評価し、プラントの異常を検知することができる。この技術をタービン、発電機、ポンプなどの発電所設備に適用した国内発の「デジタル・パワー・プラント」の試みに取り組んでいる。インバリアント分析技術でプラントの異常の予兆を検知することによって、故障につながる可能性のある箇所の特定や早期補修が可能になるため、安全性と安定性が向上することが期待される。

　「世界の工場」として国内外の数多くの企業の生産を大量に引き受けてきた中国だが、最近は労働賃金の高騰などにより東南アジアなどに生産が流出し、産業競争力の低下が懸念されている。一方、所得向上で国民の目が厳しくなった上、アメリカに次ぐ経済大国となり国際的な注目度が高まったことで、環境問題への対応もおろそかにできない。また、世界の工場として製造業の競争力は高まったものの、製品の精度、性能、信頼性ではいまだ日米欧の有力企業に及ばない面がある。これらの問題を一気に解決するため、中国はAI/IoT先進国になることを目指している。AI/IoTを導入して、設計や運営維持管理の最適化を図っていくと、中国メーカーの製品の性能や品質は日米欧企業に急速にキャッチアップしていくことになるだろう。データ分析の理屈でいうと、発電プラントの数が圧倒的に多く、設計、運営維持管理のデータ分析と最適化、現場への実装というプロセスの繰り返し回数が日米欧企業より圧倒的に多い中国企業が飛躍する可能性があるからだ。既に、中国はAI/IoTの分野でアメリカが警戒するほどの実力を持ちつつあるから、革新技術が中国企業の国際的なポジションを引き上げることになるかもしれない。

先進国の最後の牙城ガスタービン市場

石炭から天然ガスへ

　地球温暖化への対応、省エネ、環境負荷の低減などの政策的な目的に加え、再生可能エネルギーの変動への追従性などのために、エネルギー効率が高くクリーンな天然ガス火力発電のニーズが世界的に高まっている。

　旺盛なエネルギー需要に加え石炭火力による大気汚染問題を抱える中国は天然ガス火力に力を入れている。中国のエネルギー需要は東部の沿岸に集中しているのに対して、天然ガス資源は中国西部と中国西部で国境を接する国に賦存しているため、東西の需給地を結ぶパイプラインの建設が進められた。即ち、中国国内の天然ガス資源と東部を結ぶ「西気東輸」、「川気東送」、国境横断の「中国－ミャンマガス」などのパイプラインだ。西部のシェールガスもこうしたライン沿いで開発されてきた。また、海路での天然ガスの調達のために、沿岸部にはLNGの受け入れ基地も建設されている。こうした政策の成果で、2006年にわずか2.7％だった一次エネルギー消費全体に占める天然ガスの割合は2016年には6.4％、と2倍以上になった。（図表2-2-1）

　「エネルギー発展13次5カ年計画」（2016〜20年）では、一次エネルギー消費全体に占める石炭の割合を58％（2016年に62％）以下に低減する一方、非化石エネルギーを15％以上、天然ガスを10％にするというエネルギーミックスの目標が設定された。ただし、この目標を達成したとしても、中国の天然ガス火力のシェアは世界平均（23.8％）よりかなり低い水準にとどまる。

　天然ガス利用の専門計画である「天然ガス発展第13次5カ年計画」では、天然ガスの利用者が2015年の3.3億人から2020年には4.7億人、消費量が1,931億㎥から3,600億㎥に増えることを見込んでいる。単純平均

図表 2-2-1　一次エネルギー消費に占める石炭、石油、天然ガスなどの割合

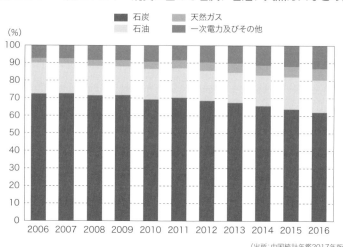

(出所：中国統計年鑑2017年版)

すると毎年約330億m³もの天然ガス消費量を増やし続ける計算になる。

天然ガスへの転換を後押しした大気汚染

　中国で石炭から天然ガスへの転換を後押した大きな理由は深刻な大気汚染だ。重度のPM2.5汚染に見舞われたことで、2013年、中国政府は大気汚染を防止するための「煤改気」政策を提起し、石炭から天然ガスへの転換を図る姿勢を明確にした。同年9月国務院（内閣に相当）は中国史上もっとも厳しいとされる「大気汚染防止行動計画」を公表し、製紙、製薬業などが立地する工業開発区での小型石炭炊きボイラーを排除し、天然ガスコージェネレーションに転換する方針を示した。

　2017年3月には、「京津冀及び周辺地区2017大気汚染防治工作方案」を示し、北京市と天津市の2都市を取り囲む河北省の4都市（保定市、廊坊市、唐山市、滄州市）を重点都市に指定し、2017年10月末までに「石炭禁止区」にするとした。その後、範囲を26都市（2＋24都市、24

都市は河北、山東、河南、山西各省の都市))に拡大している。さらに2018年の「青空保護戦三年行動計画」では、天然ガス転換の範囲を揚子江デルタと山西省の殆どの地域、陝西省まで拡大した。これらの地域では2020年末までに、日常生活と暖房に使うエネルギーをすべて石炭から天然ガスに転換することが目標とされた。中国の研究機関によると、「煤改気」の対象地域が拡大されることで、2018～20年までに天然ガスへの転換に要する初期投資と維持運営費用の規模は2,140億元(約3兆4,000億円)に達するとされる。

中国市場の依存を高める欧米企業

　IEAのWorld Energy Outlook2009によると、2016年から2030年までの中国の発電部門投資は全EUの投資額に匹敵する規模になるとされる。2030年時点でも石炭火力発電が大きな割合を占めるエネルギー構造に変わりはないが、新規投資は天然ガス火力にシフトする。こうした政策を背景に、中国ではガスタービンの需要が急激に伸びている。特に、2000年前後からの需要の伸びは大きく、ガスタービンメーカーにとって最大の市場となっている。

　しかし、ガスタービンはジェットエンジンに通じる技術でもあるため、先進国政府が輸出を制約している上、高度な設計ノウハウと製造技術を要することから、中国も国産化に苦慮している。中国のガスタービンの研究開発の歴史は長いが、蒸気タービンと違って、一貫した研究開発、設計、生産の政策展開ができていない。

　ガスタービンを開発、設計、生産できる企業は世界に30数社あると言われる。このうち、アメリカのGE、ドイツのシーメンス、日本の三菱重工が代表的なメーカーであり、GEの市場シェアが53％で1位、三菱重工が19％で2位、シーメンスが9％で3位となっている。3社合計で世界のガスタービン市場の80％超を占める。

　経済産業省の統計によると、2015年日本の重電機器の海外輸出先は、

中国、米国、韓国、インドネシア、台湾、タイが上位6か国となっているが、中国は全体の約4分の1を占める。日本の重電業界の受注は3〜4割が海外向けであるため、中国は重要な市場だ。2016年のGEガスタービンの地域別のシェアを見ると、北米が1位で25％ながら、アジア太平洋地域は24％を占め2位と重要な地域となっている。

　こうした情勢から、GE、シーメンス、三菱重工は中国市場を重視した事業戦略を展開してきた。GEは、米中国交正常化の1979年に、いち早く北京で貿易代表所を設置した。以降40年間、中国市場でガスタービン270台、ガス発電ユニット300台、40の技術ライセンスを供給し、中国での生産、販売、サービスのための体制を構築してきた。

　中国企業との販売面での提携にも積極的である。2011年11月に、中国の電力大手、中国華電集団と発電用ガスタービン事業で提携した。契約後5年間で50基以上のガスタービンを中国国内に納入するという内容で、総額5億ドル（約410億円）の売り上げを見込んでいた。GEは、この提携により米国から中国への輸出金額を3億5,000万ドル増やし、米国内で約2,100人の雇用を創出することができるとした。また、中国政府の国産化政策により、現地パートナーとの協業や技術移転の度合いが入札の際の重要な審査項目とされてきたため、2003年以後現地企業との協業、技術移転にも積極的に取り組んできた。2003年には、ハルビン電気集団と9FAの組み立て業務で協働し、アフターサービスセンターを設立、2016年には、9Fと9H級ガスタービンの生産基地の建設に合意した。さらに、2018年11月に、華電集団に9HA級のガスタービンを納入し、中国初のH級ガスタービン事業の立ち上げに貢献した。GEがいかに中国市場に根を下ろした事業を展開してきたかが分かる。

　三菱重工やシーメンスもGEと同様、中国企業との協働に取り組んできた。三菱重工は2004年、東方電気集団と合資会社、三菱重工東方ガスタービン（広州）有限公司を設立し、同社を通じて三菱重工製M701Fガスタービンの技術を導入した製品の製造と販売を行った。

シーメンスは、2014年、上海電気とガスタービンの有限会社を設立し、シーメンスのSGT5－4000Fガスタービン技術を導入した大型ガスタービンと発電設備の研究開発、設計、生産などを行っている。

こうして、中国企業と日米欧有力企業との合弁生産が増えつつあるものの、ガスタービンの中核部品や素材はいまだ海外依存から脱しておらず、ガスタービン市場で日欧米企業が世界シェアの80％を押さえている状況は変わらない。

徹底した先進国企業の技術防衛

日米欧企業はガスタービンのコア技術を中国に流出させないため、顧客である中国の電力会社に対しても技術情報をシャットアウトするなど、技術防衛を徹底してきた。

上海電気とシーメンスの合弁では、①研究開発と設計技術は移転しない　②製造技術は移転しない　③サービス技術は移転しない　④合弁企業で生産する製品の海外での販売は不可、という4つの条件が課されたとされる。外資と中国メーカーとの協働は生産と販売に限られ、肝心の技術は含まれないということである。外資と設立されたガスタービン会社は、中国で合弁生産をするものの、コア技術、設備、素材はすべて海外から輸入することになる。このため、国産化が進まず、ガスタービンの国産化率はいまだ60％に達していない。

機器の設計・製造だけではなく、サービスでも中国企業をシャットアウトしている。GEの維持管理サービスでは、CSA、MMPと呼ばれる契約形態が採用されている。CSA契約は長期のメンテナンスサービスであり、その対価は開始備品費、スタートアップ費、月間固定費、運行時間費などから構成される。MMP契約は、長期にわたる備品及びサービスの契約であり、GEから備品を購入し、検修指導員を雇わなければならない。メンテナンスに必要な人材も部品もGEから供給され、中国企業はガスタービンの詳細にタッチできない構造となっている。

こうした契約上の制約に加え、外資ガスタービンメーカーは、中国で知的財産の登録にも積極的に対応してきた。

牙城が崩れる時

　日米欧の有力企業が懸命に技術を防衛する一方、中国も彼らだけに技術を頼っている訳ではない。長年の技術導入の結果、中国は国産3万kW軍事用ガスタービンを製造することができるようになった。2016年、初号機がハルビン汽輪工場で生産された。(図表2-2-2) そのほか、QD128、QD70、QD185とQD168軽型ガスタービンやR0110重型ガスタービンも国産化を実現している。また、上海では重型ガスタービン実験基地の建設可能性を検討しており、2019年に着工する予定という。この基地では、ガスタービンの設計技術、高温部品の製造、運転維持管理技術の研究開発、実験を行い、中国における先進的なガスタービンの自主研究開発体制の構築を目指す。

図表 2-2-2　初めて国産化された 30MW ガスタービン

(出所:ハルビン汽輪工場ホームページ)

日米欧企業との関係も進化しつつある。2014年、上海電気は4億ユーロで、イタリアのガスタービンメーカーアンサルドの株式の40%を取得し、ガスタービンの設計、製造、販売、サービスについて協働することで合意した。以降、上海電気とアンサルドは2つの合弁会社を中国で設立し、ガスタービンの組立、コア部品の生産、販売と研究開発に取り組んでいる。これまでの日米欧企業との契約と異なり、海外への輸出も可能といわれている。

　国産化の努力を重ねた中国メーカーが、日米欧の牙城だったガスタービン市場で存在感を示す日も遠くないようだ。

3

明暗分かれた原子力市場

福島第一原発事故で縮小する先進国の原発事業

　2011年3月11日の東日本大震災による東京電力福島第一原子力発電所事故を目の当たりにし、ドイツのメルケル首相は2022年を目途とした原子力発電所の廃止を即座に決定した。物理学者のメルケル首相は、原子力発電の技術を理解した上で、福島第一原子力発電所の事故の前までは、ドイツ経済の基盤として原子力発電を維持する旨を表明していた。しかし、旧ソ連のチェルノブイリ原子力発電所事故以来、原子力発電所に対する警戒感が強かったドイツでは、福島第一原子力発電所の事故で世論は脱原発に一気に傾いた。これを受けて、メルケル首相は早々に政治的決断をしたのである。

　スリーマイル島の原子力発電所事故を経験したアメリカでは、1979年以来原子力発電所の新設が止まっていた。2010年に再開する計画だったが、福島第一原子力発電所の事故で一気にトーンダウンした。シェールガスの隆盛で天然ガス火力の発電コストが急速に下がり、原子力の必要性が低下したこともある（図表2-3-1）。

　日本では、原子力規制委員会の審査を受けた原子力発電所は制度的には稼働が可能なものの、原発が立地する地域を中心とした反対、慎重論により、安定した稼働が容易ではない状況が続いている。また、福島第一原子力発電所の事故後の設計の見直しで新規の原子力発電のコストは大幅に上がり、先進国で原子力発電の事業継続が危ぶまれている。日立製作所はコストが当初の想定より大幅に増えたとし、イギリスの原子力発電事業へのイギリス政府の追加支援を要請した。

福島第一原発事故でも揺るがない中国の原発政策

　福島第一原子力発電所の事故が起きた2011年時点で、中国国内で運

3 明暗分かれた原子力市場

図表 2-3-1　2000年以降のアメリカの新設原子力発電所リストとその進捗状況

分類	発電所／プロジェクト名	州	メーカー／タイプ	発電容量 万kW	推進者／電力会社	建設開始／融資開始	融資保証期限／商用開始
稼働済	ワッツバー2	テネシー	ウェスチングハウス	121.8	TVA	2008年	2016年10月
建設中	ヴォーグル3	ジョージア	ウェスチングハウス	125	サザン・ニュークリア・オペレーティング・カンパニー	2013年3月	2021年11月
	ヴォーグル4	ジョージア	ウェスチングハウス	125	サザン・ニュークリア・オペレーティング・カンパニー	2013年11月	2022年11月
	ヴァージル・C・サマー2	サウスカロライナ	ウェスチングハウス	125	SCE&G	2013年3月	建設停止
	ヴァージル・C・サマー3	サウスカロライナ	ウェスチングハウス	125	SCE&G	2013年11月	建設停止
計画済	タッキーポイント6&7	フロリダ	ウェスチングハウス	250	FPL	2017年4月	2027年、2028年
	UAMPSカーボンフリーパワープロジェクト	アイダホ	Nuscale	60	FPL	2017年1月	2023年
提案	ウィリアム・ステーツ・リー	サウスカロライナ	ウェスチングハウス	160	デュークエナジー	2016年12月	中止
	フェルミ3	ミシガン	ESBWR	160	デトロイト・エジソン	2015年5月	判断保留
	ノースアナ3	ヴァージニア	ESBWR	150	ドミニオン	2017年6月	建設停止
	サウステキサスプロジェクト	テキサス	ABWR	271	東芝／STP	2016年2月	中止
	クリンチリバー	テネシー	mPower	80	TVA	2016年5月	−
	ベルフォンテ1&2	アラバマ	B&W PWR	126	ニュークリア・デベロップメント	−	2024年
	レビーカウンティ	フロリダ	ウェスチングハウス	250	デュークエナジー	2016年10月	中止
	シェラトンハリス2&3	ノースカロライナ	ウェスチングハウス	250	デュークエナジー	2008年2月	中止
	コマンチェピーク	テキサス	US-APWR	340	ルミナント	2008年9月	中止
	リバーベンド	ルイジアナ	ESBWR	160	エンタジー	2008年9月	中止
	ベルベンド	ペンシルバニア	US EPR	171	PPL/Talen	2008年10月	中止
	キャラウェイ	ミズーリ	ウェスチングハウス	112	Ameren Missouri	2008年7月	中止
	グランドガルフ	ミシシッピ	ESBWRi	160	エンタジー	2008年2月	中止
	カルバートクリフ	メリーランド	US EPR	171	UniStar Nuclear	2007年7月、2008年3月	中止
	ナインマイルポイント	ニューヨーク	US EPR	171	UniStar Nuclear	2008年9月	中止
	グリーンリバー	ユタ	ウェスチングハウス	250	Blue Castle/Transition Power Development	2016年	2030年
	セーラム3/ホープクリーク	ニュージャージー	−	120	PSEG Nuclear	2016年5月	−

（出所：世界原子力協会資料をもとに作成）

転中の原子力発電事業は発電所15基、設備容量は1,256万kWに達しており、米国、フランス、ドイツ、日本、ロシアに次ぐ規模になっていた。2010年10月に公表された「戦略的新興産業の育成と発展の強化に関する国務院の決定」において、原子力発電は新エネルギーの重要な戦略技術として位置づけられ、一層の技術開発と普及を進めるとされた。福島第一原子力発電所の事故は、まさに、中国政府が原子力発電産業を強化しようとした矢先に起きたのである。

同事故の影響で、中国政府は、一時的に新規の原子力発電プロジェクトの審査をストップしたが、約1年半後の2012年10月に、国務院常務会議が新規プロジェクトの審査・許可の再開を決めた。次いで、「中国原子力安全計画2011～2020」と「原子力発電中長期計画2011～2020」を発表した。この中で、世界最高の安全基準をもって安全を確保することを前提に開発目標を明記し、東部沿岸地域での原子力発電所の建設の始動を認める一方で、以前から計画していた内陸部の原子力発電所の建設を見合わせた。

中国がいち早く原子力発電を再開した背景には、大国に相応しい温室効果ガス削減の取り組み、石炭に頼っていたエネルギー構造の調整、原子力発電技術の国産化を進めようとする意図がある。

IEAの予測では、中国のエネルギー需要は2030年まで右肩上がりで増加する。エネルギーの需要増に対応しながら、石炭消費を減少させるためには再生可能エネルギー、天然ガス、原子力で補わなければならない。クリーンで、大規模な発電が可能な原子力発電への期待は大きい。

1987年に中国最初の原子力発電所である大亜湾原子力発電所が建設されてから、原子力発電の国産化は863計画（政府主導のハイテク研究開発のための計画）の重点項目となった。具体的には原子力発電を担う企業に対する税金免除、コア設備の輸入に関する免税、技術開発やモデル事業への補助、海外輸出のための金融支援などの施策が講じられてきた。

「中国製造2025」の行動綱領の中でも原子力発電は重点的な開発項目

の一つと位置づけられている。2016年、中国政府は「原子力緊急対策白書」を発表し、一帯一路政策の一環として原子力発電の輸出を強化すること、2030年までに世界市場で高いシェアを占める戦略輸出製品とすることを明確に打ち出している。

進む国産化

　現在、建設中の原子炉の大半を占める欧州・米国の技術提供を受けた炉でも、圧力容器、蒸気発生器、タービン発電機、材料系（核燃料、冷却材など）、メインポンプ、大型複雑パイプ、高合金材料などの内製化が進み、内製化率は70〜80％に達する。

　こうした経験を経て開発された「華龍1号」は、国産の第3世代原子力発電技術を導入した最新鋭の原発とされる。「華龍1号」は、中国の原子力発電の2大メーカーである中核集団（中国核工業集団公司、CNNC：China National Nuclear Corporation）、広核集団（中国広核集団有限公司、CGNPG：China Guangdong Nuclear Power Group）は、1990年代より、それぞれACP1000とACPR1000＋を独自に開発した。ACP1000は、中核集団がウェスティングハウス社の技術を踏まえ、10年以上の研究を経て開発した完全な独自知的財産権を持つ、第3世代の加圧水原子炉のブランドとされる。また、ACPR1000＋は、中広核がフランスの技術を踏まえ、日本の福島原発事故の経験を教訓にし、またAP1000、EPR等の先進的なデザインコンセプトに学び、独自的に研究開発した第3世代原発ブランドとされる。（図表2-3-2）。中国国産第3世代技術ACP1000とACPR1000＋を融合した技術を基盤としている。

　「華龍1号」は国家開発銀行の巨額の融資を受け、2015年に福清原子力発電所の5号プラントとして正式に着工された。5号プラントは2020年に運転を開始する予定であり、稼働すれば中国の原子力産業は国産化の地盤を固める段階に入る。EUと米州の第3世代原子炉の安全基準を満たしており、2014年12月、IAEA（国際原子力機関）の原子炉安全

第2章　欧米主導が崩れた従来型エネルギー市場

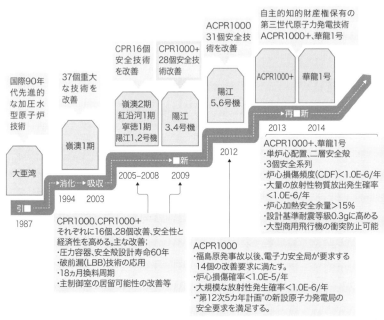

図表 2-3-2　華龍一号の開発経緯

(出所：中国広核集団ホームページ)

設計審査でも承認されるなど、技術的な評価を得ている。コスト面では、同世代のフランスや米国製の原子力発電施設が6,500～8,000ドル／kW、韓国やロシアが3,500～5,000ドル／kWであるのに対して、2,000～2,500ドル／kWと圧倒的に安い。ただし、一部の材料やコア部品は依然として海外に依存しているのが現状である。2015年に改正された「外商投資産業指導目録」では、「核燃料加工業」が奨励項目に追加されており、外資企業からの技術導入で国産化率を一層高める意向だ。

　原子力発電の建設・運営が相次ぐ中国だが、人材不足の問題を抱えているとされる。そのため、中国政府は、①中核集団や広核集団といった主要な原子力発電運営管理事業者内での育成、②直属・系列の学校によ

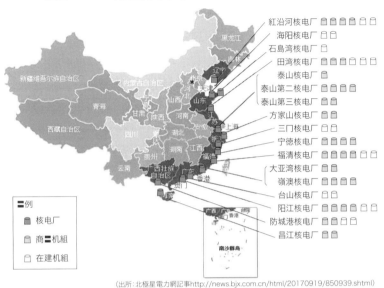

図表 2-3-3　中国国内原子力発電所の配置（2018年4月）

（出所：北極星電力網記事http://news.bjx.com.cn/html/20170919/850939.shtml）

る育成、③大学との連携、といった施策で人材の育成を図っている。

世界最大の建設計画を抱える中国市場

　中国核能業界協会の統計によると、2017年末時点で、中国で稼働中の原発は37基、設備容量3,581万kW、世界4位の市場となった。ただし、（図表2-3-3）2017年の全電源設備容量が17.8億kWだから原子力発電の設備容量のシェアは2.01％に過ぎず、世界平均の8％と比較するとまだまだ少ない。

　2007年に中国で初めて策定された原子力発電計画、「原子力発電中長期規画（2005 − 2020）」における目標は、2020年に5,800万kW（うち、運転中4,000万kW、建設中1,800万kW）だった。福島第一原子力発電所の事故後2012年に原子力発電の運転が再開されたのに合わせて策定さ

図表 2-3-4　2017年までの世界の原子力発電所の計画状況

国家	数量	設備容量（千kW）
中国	40	46,590
ロシア	25	27,755
米国	18	8,312
韓国	8	11,600
インド	24	23,900
日本	9	12,947
フランス	0	0
カナダ	2	1,500

（出所：智研諮詢集団「2016-2020中国原子力発電年業界市場現状分析及び発展趨勢研究方向」）

れた「原子力発電中長期計画2011～2020」では、2015年に5,800万kW（うち、運転中4,000万kW、建設中1,800万kW）、2020年に8,800万kW（うち、運転中5,800万kW、建設中3,000万kW）と目標が嵩上げされた。これを受け、2014年9月に公表された「エネルギー発展戦略行動計画（2014－2020年）」でも、2020年の稼働中の原子力発電所の設備容量を5,800万kW、建造中の原子力発電所の設備容量を3,000万kW以上にすると明記された。この目標は2016年3月に採択された「第13次5か年計画」においても踏襲されている。

　計画が嵩上げされる一方で、安徽省の蕪湖や湖南省の桃花江、江西省の万安などの内陸地域では、約20基、2,500万kW規模の原子力発電所の建設が、安全性を考慮し延期されている。それでも、稼働中、建設中及び計画中と合わせると中国が世界一の原子力発電大国になることは間違いない。（図表2-3-4）

強化される原子力産業の基盤

　中国の原子力発電産業は3つの強力な企業グループにより支えられている。

　1つ目の中核集団は、1999年の中国核工業総公司の分割によって誕生した巨大国有企業であり、中国の原子力産業の中心となっている。研究開発、工学設計、製造生産などの企業により構成される原子力発電のコングロマリットであり、核動力、核燃料、原子力発電、ウラン探査・鉱山採鉱・製錬、ウラン転換、ウラン濃縮、燃料加工、再処理及び放射性廃棄物処分を含む事業を統括している。傘下には国内に120以上の関連会社と10万人の従業員を擁し、海外40カ国（地域）の企業等とのネットワークを有している。華龍1号の完成を機に、国の「一帯一路」戦略に沿って海外進出を図り、原子力産業の国際競争力を高める方針である。

　2つ目の広核集団は、1994年9月に国務院国有資産監督管理委員会の下で設立された原子力企業、中国広東核電集団有限公司が前身で、2013年5月に改称され今に至っている。「グローバルにおいて一流のクリーンエネルギー企業」を目標としており、稼働中の原子力発電プラントは19箇所、設備容量2,037万kWに達し、中国の原子力発電の設備容量の62.68％を占めている。さらに9カ所、設備容量1,135.6万kWの原子力発電所を建設している。原子力の他にも風力発電設備容量964万kW、太陽光発電設備容量179万kW、水力発電設備容量340万kW（権益共有）、158万kW（独占）を有しており、分散型エネルギー、原子力技術の応用、省エネ技術サービスにも取り組む総合エネルギー企業である。

　3つ目の国家電投（国家電力投資集団公司、SPIC：State Power Investment Corporation）は、2015年7月に原子力発電所の運営資格を有する中国電力投資集団公司（CPIC）と、原子力発電の研究開発分野を統括する国家核電技術公司（SNPTC）の合併により発足した、火力

発電、水力発電、原子力発電、新エネルギーを擁する中国唯一の総合エネルギー企業グループである。2002年の発送電分離によって旧国家電力公司の発電事業を継承した5大電力企業のひとつで、資産総額8,661億元、従業員12.7万人、7社の上場企業（2社香港上場、5社国内A株）を擁する大企業グループである。原子力発電所の運営から新エネルギーまで幅広い電源構成を有し、投融資力、資金調達・管理能力、戦略パートナーのリソースなどに強みがあることが特徴だ。

始まった世界戦略

　2013年、パキスタンに原子力発電設備を輸出したことをきっかけに、中国はルーマニア、イギリスなどの原子力発電プロジェクトに参画し、原子力発電の海外展開は国家戦略に格上げされた。

　2013年10月、国家能源局は「原子力発電企業の科学発展を支える協調活動メカニズム実施計画」において、原子力発電の「走出去」（海外へ進出する）戦略を初めて提示した。そこでは中国の原子力発電企業が海外進出の戦略を策定すると共に、中国政府が潜在的な原子力発電輸入国と政治、経済面での交流を進めていくことが示されている。

　習近平国家主席や李克強首相は外遊先で積極的に原子力発電設備を売り込んでいる。2017年末までに、海外で受注または協議中の原発プロジェクトはアルゼンチン、ルーマニア、パキスタン、南アフリカ、イギリスなど5～6カ国に及ぶ。2016年、習近平国家主席がイギリスを正式訪問した際に、キャメロン首相とのトップ会談で、協働で原子力発電所を建設することに合意した。世界的な安全規制強化の影響もあり、原子力発電の1プラントあたりのイニシャルコストは1兆円～2兆円と高額となっているため、イギリス政府は、中国国営企業による出資を前提にブラッドウェル原発への「華龍1号」の導入を受け入れた。

　技術とファイナンスをセットにしたセールスは、中国の原子力発電の海外進出の差別化ポイントである。ファイナンスを提供するのは、①シ

ルクロード基金、AIIB(アジアインフラ投資銀行)など中国政府主導の開発性金融機関、②中国政府系政策銀行(国家開発銀行、中国輸出入銀行、中国投資)、③商業性金融機関(中国工商銀行、中国銀行など大手商業銀行)、④政府系保険会社(中国輸出信用保険会社)といった4つの金融機関である。

　国際原子力機構の予測によると、今後10年、世界で60～70基の百万kW級の原子力発電プロジェクトが計画されている。南アジア、西アジア、ヨーロッパ、アフリカなどが主な対象地域である。それらの地域で、コスト競争力に加え、政府のファイナンスとトップセールスの支援を得られる中国メーカーと対等に競争できる日欧米メーカーは見当たらない。

④

拡大する海外展開

一帯一路で拡大する新興国、途上国市場

　一帯一路とは「シルクロード経済帯」（一帯）と「21世紀海上シルクロード」（一路）を結び付け省略化したネーミングだ。「シルクロード経済帯」とは、2100年前の古代中国から中央アジア、中東、ヨーロッパへつなぐ貿易と文化交流のルートであり、「海上シルクロード」とは、宋時代には存在し、600年前の明時代に鄭和が7回の南洋下りで開拓した中国、東南アジア、南アジアを結ぶ交流ルートである。

　一帯一路の周辺には60を超える国があり、44億の人口を擁し、全世界の人口の62％、GDPの29％を占めるとされる。経済成長が旺盛な国が多いこともあり、今後10年間で一帯一路に沿ったアジア、中近東における基礎インフラ建設の市場規模は毎年8,200億ドルにのぼるという。

　一帯一路は、基礎インフラの建設をきっかけに、経済五通を実現しようという戦略でもある。五通とは、政策の交流、施設連携、貿易の交流、資金の融通、民心の相互の交流を意味している。その実現のために5つの分野を重点投資対象としている。すなわち、①**交通**：鉄道、道路、物流の連結点、②**エネルギー**：発電、ガス石油パイプライン、送電線、石油化学産業、太陽光発電、③**製造業**：電子機械、アパレル、建材化工、電力設備及び軌道交通設備、④**文化協力と観光**、⑤**環境**：生態環境保護、砂漠化防止、水資源の保護と利用、森および草原保護分野、である。

　このうちエネルギー分野は、中国企業の海外進出戦略上最も重要な領域である。「中国電力業界年度発展報告2018」によると、2017年、中国の主要電力企業は「一帯一路」沿線国で積極的な投資を行い、その規模は合計126億ドルに達したという。EPCの請負額はさらに大きく、沿線33か国で大型プロジェクト194件を受注し、契約金額の合計は306億ド

ルにのぼる。電源の種類も幅広く、石炭火力、天然ガス火力に加え、太陽光発電・風力発電の再生可能エネルギー、原子力発電、さらには送変配電網などの基礎インフラにも及ぶ。

　国家電網と南方電網は、すでにパキスタン、フィリピン、ブラジル、ポルトガル、オーストラリア、イタリア、シンガポール、インドネシア、ベトナム、カンボジアなどの国の送変電プロジェクトに投資し、事業を運営している。また、「一帯一路」の地域では、ロシア、モンゴル、キルギス、ベトナム、ラオス、ミャンマーなどの国の送電網の相互接続の実現を目指している。

　中国国内の送電網との接続も視野に入れている。2016年に設立された「世界エネルギーネットワーク発展協力組織」において、「一帯一路」沿線国を中心とした国々との議論が行われ、国境を超えた送電プロジェクトの建設が議論の俎上に上り、これまで110超の送電プロジェクトが提案された。例えば、中国─ミャンマー─バングラディッシュ、中国─ラオス、アフリカやヨーロッパの送電網の連携が議論された。日本の周辺でも、2016年3月に、韓国電力公社、日本のソフトバンク、ロシアの電網会社と中国国家電網が、「北東アジア電力網での協力覚書」を締結し、モンゴル─中国─韓国─日本の電力送電プロジェクトを積極的に推進すると宣言した。これら全てが完成することはないにしても、中国が自身を中心とする広大な地域の送電線を連結し、数百の発電プロジェクトに強い影響力を確保することになるのは間違いないだろう。

パリ協定で中国の独壇場となる石炭火力市場

　2015年6月30日、フランス訪問中の李克強首相が「国連気候変動枠組み条約」事務局に提出した気候変動に対応するための自主的約束草案（INDC）文書で、中国は2030年頃までにCO_2の発生量をピークアウトさせると宣言した。また、自主目標として、①2030年までにGDP当たりのCO_2排出量を2005年対比60％〜65％削減する、②非化石燃料の

一次エネルギー消費に占める割合を20%前後にする、③森林備蓄量を2005年対比45億立方メートル増加させる、としている。

前述したとおり、中国は石炭が豊富な一方、原油と天然ガスが脆弱というエネルギー資源の構造的な問題を抱えるため、石炭中心のエネルギー供給構造を変えるのは容易ではない。こうしたエネルギー構造上の問題の緩和と地球温暖化対策、また自国内の環境対策の一環として、中国政府は再生可能エネルギーの導入に取り組んできた。その成果もあり、一次エネルギー消費で見ると、石炭の占める割合は2006年の72%から、2016年の62%へと減少した。10年間で主要なエネルギー供給源のシェアを10%削減したことは大いに評価できる。

石炭の消費量を減らすため、2016年、供給過剰状態にある石炭企業と鉄鋼企業の再編を目的とした「工業企業構造調整専門奨励／補助金管理弁法」が公表され、総額1,000億元を石炭企業と鉄鋼企業の業態転換や統合に当てるとした。また、2016年5月、「石炭生産経営秩序を規範とすることに関する通達」において、石炭生産企業の労働時間が短縮された。さらに、石炭の消費量を抑えるのと並行して、石炭の利用効率を高めるために、国が定めた最低限の効率の基準を満たさない石炭火力発電所を停止するとの号令が発された。具体的には、既存の発電所については1kwh平均石炭消費を310g以下に、新設発電所については同300g以下にするように規定された。これに従って、2020年までに、旧型の石炭火力発電設備はCO_2排出量が低くエネルギー効率が高い技術にリプレースされる。

以上のような政策から、石炭依存の構造と環境問題を改善しようとする当局の強い姿勢が読み取れるが、一方で、これらの政策は中国が今後も石炭火力に頼らざるを得ないことを受け入れている表れでもある。中国は、今後も石炭火力を維持、改善していくために膨大な数の技術者が維持されていくことになる。

一方で、パリ協定を機に欧州企業の石炭火力からの撤退が相次いでい

る。ドイツのシーメンスは石炭火力からの撤退を表明した。欧州の金融機関が石炭火力を座礁資産と位置付け、資金を引き揚げる動きを見せていることが大きく影響している。

　日本は石炭火力を維持する方針だが、金融市場はグローバルネットワークの中で成立しているため、日本企業に対する圧力も強い。石炭火力を維持するにしても、環境配慮を強く意識せざるを得ない。例えば、三井住友銀行は高効率の石炭火力以外には投資しない方針を示している。日本メーカーではMHPSが東京電力勿来発電所でIGCCを導入し、その実績を足掛かりに海外展開を狙っているが、その前提となるのは重電メーカーの石炭火力への継続的な事業資源の投入だ。国内も一枚岩という訳ではなく、環境省は石炭火力に対して厳しい姿勢を示しており、日本国内も石炭火力市場の拡大が見込める状況にはない。市場の停滞はメーカーの技術力の維持の足かせになる。

強力なメーカーと電力会社の協働体制

　中国の海外展開戦略を理解する上で、中国の電力改革の経緯を知っておく必要がある。1997年に、「政企分離」（政治と企業分離）の行政改革方針の下、国の電力部門が独立して国家電力公司が設立され、発電から送電までを担う国営電力会社が誕生した。巨大な中国市場の発電、送電、配電、小売り、設計、建設のすべてを国家電力公司が独占し、中国電力業界を育てる揺り籠と呼ばれるようになった。現在の中国電力産業の原点と言える。2002年、中国政府は国営企業の効率性向上を目指す市場化改革の一環として、日本よりだいぶ早く発電と送配電・小売の分離を実行した。その結果、国家電力公司は、5大発電会社（華能、大唐、華電、国電、国家電力投資）と2大電網会社（国家電網、南方電網）、さらには設計院や水力発電開発機構（中国電力工程顧問集団、中国水電工程有限公司、中国水利水電建設集団、中国葛洲坝）に分割された。さらに発電部門には民間企業の参入を可能とした。

国家電力公司から分離された発電会社は発電事業の運営を担う企業であり、発電施設は電力関連設備製造企業から調達される。そうした企業のトップ3が、発電用のタービンなどを生産する上海電気、東方電気、ハルビン電気である。このほか、許継、南瑞など関連設備を製造する企業がある。
　民間企業の参入が許されたものの、中国の電源開発は、5大発電会社と各地域の代表的な発電会社、原子力発電専門会社（中核集団、広核集団、国家電投）によって牛耳られていると言っていい。
　中国の発電会社の業容は日本の電力会社の発電部門より広い。発電会社は、発電所の建設に必要な資金を調達した上で、施設の設計を行い、設備を調達し、プロジェクトを管理、稼働後は運転維持管理を行う。つまり、EPCと発電事業を合わせた業容を持っていることになる。日本では重電メーカーが発電設備のEPCを担うのが普通だが、上述した中国の設備メーカーはEPCを担う発電会社に対してタービンなどの設備を納入する。設備は入札で調達されるが、中国の基礎インフラ事業の設備は一定の国産化率が求められるので、主要設備である発電機やタービンは国内メーカーから調達されるのが一般的だ。
　こうした中国の発電会社の業容は、今後の海外展開に当たっての強みになると考えられる。電力会社が技術、設備調達などを含めたリスクを単独で評価できるからだ。プラント建設のリスク管理が一社に集中しているのでリスクは高いが、マネジメントしやすくなる。日本では重電メーカーがEPCを担い、エンジニアリングリスクを負っている。エンジニアリングは政治、経済を含めたリスクを含む複雑な事業であるため、リスク管理の失敗が大きな損失をもたらす危険性がある。実際、日本では近年こうしたリスクが顕在化している。結果として、EPC事業のリスクが設備の技術を含めた事業の縮小につながっているケースもある。
　これに対して、中国の重電メーカーは発電会社がEPCリスクを取るので、個別設備の技術力とコスト競争力を高めることに集中できる。し

かも、上述したように発電会社の入札における国産化比率の縛りにより、国内では中国メーカーの中で収益を分け合うことができる。こうした事業環境により中国の重電メーカーは、日本の経験より速いスピードで技術力を高められてきたと考えられる。それは、第三国の発電会社に設備を納入する際の競争力となる。

さらに、発電会社の大手は、国営企業であり、中国国内の旺盛な電力需要に支えられており、中国政府からの政策的な支援も期待できる、などによりEPCに対するリスク負担力も高い。

以上のような電力会社と重電メーカーの協働体制により、中国の発電事業の海外展開の競争力はかなり高いと考えていい。実際、米国ENR誌で公表された2017年世界における最大の250社国際請負業者ランキングによると、中国の電力企業の11社がランクインしている。(図表2-4-1)

図表2-4-1　2017ENR世界最大のグローバルコントラクターのトップ250に入選した中国の電力関連企業

番号	入選した国内企業のランキング	2017年ランキング	2016年ランキング	会社名	国際売上高(百万ドル)
1	2	10	11	中国電力建設集団有限公司	11595.9
2	6	27	**	中国能源建設股份有限公司	4297.0
3	13	67	88	ハルビン電気国際工程有限責任公司	1502.4
4	15	83	74	中国水利電力対外公司	935.3
5	16	84	**	特変電工股份有限公司	912.7
6	19	93	128	中国電力技術装備有限公司	810.1
7	22	96	109	中国中原対外工程有限公司	797.3
8	36	132	107	中国東方電気集団有限公司	464.7
9	39	141	249	上海電気集団股份有限公司	432.2
10	50	171	**	中国核工業建設股份有限公司	316.0
11	60	220	**	平高集団国際工程有限公司	132.1

(出所:アメリカ・エナジャイザー(ENR)の公式サイトより抜粋)

発電会社以外にも、2011年に国営電力公司から分離された設計院や水力発電機構、関連設備メーカーが再編されることにより生まれた中国電力建設集団、中国能源建設集団などが、投資、設計、建設、設備製造、運営などの事業を手がけている。こうした企業群は中国国内の電源開発における発電会社と設備メーカーの協力関係を構築するのに欠かせない存在となっており、海外展開でも力を発揮することになるだろう。

国内市場の成熟で拡大する海外展開

中国では、2001年のWTO加盟以降、旺盛な経済成長を支えるため、電源開発が急ピッチで進められ、毎年5,000万kW以上の発電所が新規に運転を開始した。中国電力企業連合が公表している統計によると、2016年の全発電設備容量は165,051万kWに達しており、2002年と比べ約4.6倍増大した。2016年の発電量も60,228億kWhと2002年の5倍増だ。（図表2-4-2）

2017年末段階で、中国電力企業連合会の統計の範囲に納められてい

図表2-4-2　中国発電量と発電容量経年推移（2009〜2016）

	発電量（億kWh）	発電容量（万kW）
2009	36,812	87,410
2010	42,278	96,641
2011	47,306	106,253
2012	49,865	114,676
2013	53,721	125,768
2014	56,801	137,018
2015	57,399	152,527
2016	60,228	165,051

（出所：中国電力企業連合会ホームページ）

る百万kW級発電所は449カ所、設備容量は82,415万kWに達する。うち、水力発電所66か所、設備容量16,250万kW、火力発電所370か所、設備容量62,616万kW、原子力発電所13か所、設備容量3,550万kWである。原子力を除くとまさに桁違いの規模だ。

　こうした巨額の発電投資と並行して進められた電力改革により生まれた競争メカニズムで、発電所の建設コストは大きく低下した。火力発電所の建設コストは、2002年の8,000元/kWから2017年の約3,200元/kWと半分以下になっており、原子力、風力、太陽光発電でも建設コストが低下している。

　送配電分野でも、特高圧送電線の建設、スマートグリッドを視野に入れた制御システムの増強などにより、技術力、コスト競争力共に向上している。日本の電力会社から見ても、送配電分野の技術力の向上は目覚ましいとされる。

　中国国内の電力市場は、今後も拡大を続けるが、ここ20年間のような伸びはなくなるし、2030年頃には飽和状態になると予想されている。その中で、石炭火力から天然ガス火力への転換、原子力発電や再生可能エネルギーの拡大、あるいはIGCCのような先端石炭火力の導入が図られることになる。市場の成長力は鈍化するが、これまでと同じように政官民一体で技術力とコスト競争力を高めることは可能だろう。

　そして、日米欧にとって重要なのは、中国企業が国内市場の成長が鈍化する中で、さらなる成長を目指すため、また、一帯一路などの政府の海外展開の方針により、アジア、アフリカ、中南米への電力事業の進出を一層拡大させるであろうことだ。既に、中国の電力会社と設備メーカーが手を組んで、海外の電源開発事業に参入している。2017年末までに、中国の主要な電力企業の対外投資の総額は650億ドルを突破した。投資の領域は火力発電、水力発電、風力発電、太陽光発電、炭鉱資源など多方面にわたる。「中国電力業界年度発展報告2018」によると、2017年に中国の電力会社が海外で受託した火力発電プロジェクトだけ

図表 2-4-3　2017年主要電力企業の海外投資プロジェクト地域

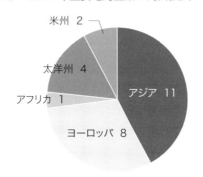

（出所：中国電力企業連合会『中国電力業界年度発展報告（2018）』）

でも、火力発電ユニット52基、合計容量1,227万kW（うち、石炭火力832万kW、ガスタービン395kW）に達する。水力発電ユニットの実績は35基、設備容量166万kWだ（図表2-4-3）。

　最近の中国の海外投資に対する批判などの影響を受けてのことと考えられるが、中国も投資対象国の懸念に応えるべく対策を講じている。例えば、中国の電力会社と投資受け入れ先の国の企業との協力関係が強化され、2017年には1,400人のトレーニングを受け入れるなどの人材育成プログラムも動き出している。また、2017年には、主要電力企業が海外の128の国と地域に支部600か所を設立した。中国の対応が素早く、受け入れ国に投資ニーズがあるのは間違いないのだから、当面の減少傾向は改善され、中期的には増勢傾向になると考えるべきだ。

第3章
エナジーDX（Digital Transformation）

1

「PV(太陽光発電) to EV」が次世代スマートシティの鍵

自動運転で再びスマートシティに注目

　10年ほど前、「エコシティ≒（当時の）スマートシティ」への関心が高まった。ローカルグリッドが整備され、再生可能エネルギーと省エネルギーの技術がふんだんに取り込まれ、最適な需給制御が行われる都市の絵が世界中で描かれた。エネルギーをベースとする情報ネットワークには交通、上下水道、施設などの情報が連結され、地域の住民や事業者の快適で効率的な活動がサポートされるデジタルシティとしての側面もあったが、主眼は自立的なエネルギーネットワークを持った都市を創ることだった。

　エコシティの取り組みは快適な都市の計画、一部の先進技術の導入、再エネ・省エネの普及、等々の面で成果を上げた面もあったが、当初の計画通りに立ち上がったエコシティは殆どない。理由は2つある。1つは、コストが高かったことだ。昨今では、10年前に比べ、太陽光発電は半分以下になっている。制御機器やシステムの性能当たりの価格低下はさらに大きい。もう1つは、ITのレベルが十分でなかったことだ。データを収集するためのセンサーの性能は今とは比べ物にならないし、AIを使った商品も殆どなかった。アップルがiPhoneを発表したのは、ちょうど10年くらい前だから、性能の良い個人端末も普及していなかった。iPhoneに内蔵されているような高性能の電子部品もようやく普及を始めたころだった。

　しかし、ここに来て再びスマートシティへの注目が高まっている。ただし、スマートシティの主役はエネルギーではない。エネルギーがスマートシティの重要な制御対象であり、データの供給源であることに変わりはないが、最近注目されているスマートシティの主役はモビリティ

だ。その背景には自動運転の実現が現実性を帯びてきたことがある。自動運転は、衝突防止機能のような単品技術のレベル1から完全な無人自動運転のレベル5まで5つの段階に分かれるが、レベル1、レベル2は完全に商品化されおり、レベル3の技術レベルを謳う商品も市場投入されている。日本では複数の自動運転技術が搭載されたレベル2の一般車が普通に走っている。また、東京オリンピックに向けて、特定地域内での完全自動運転のレベル4の車によるサービスも立ち上げられようとしている。

自動運転には車外の情報を収集するためのカメラやセンサー、そこから収集されたデータを分析し制御指示を出すためのコンピュータ、エンジン、足回り、ハンドルなどを制御するためのシステム、など極めて多数のIoT、AI関連の機器、部品、システムが必要になる。それらが2、300万円の車に搭載できるほど、AI／IoT技術を使った商品が小型化、低価格化したのである。

自動運転以外の分野でも、Googleを始めとするIT大手は膨大なデータを分析することにより、マーケティング効果を飛躍的に高められるようになった。ライドシェアのマッチングシステムのようなデータ収集・分析・提供のサービスも急速に広がっている。画像データが分析できるようになったことで分析の幅が大きく拡大し、今後はデジタルコントロールの領域が広がる。ICタグの価格がもう少し下がれば、コンビニの無人化も商業的に可能となる。こうしたセンサー、分析システムの飛躍的な進化がデジタルシティとしてのスマートシティの実現可能性を高めている。

自動運転が注目される理由

スマートシティの主役がエネルギーから自動運転に代わった理由は2つある。

1つは、取得できるデータの種類が多いからだ。エネルギーデータか

第3章　エナジーDX（Digital Transformation）

　らは、住宅や事業所でどのくらいエネルギー消費機器を使ったかを把握できる。こうしたデータを継続的に取得することは重要だし、エネルギーデータが多数のユーザーの定点観測に最も優れていることは今でも変わりはない。しかし、そこから分かるのは住宅や事業所の内部に限った人の動きだ。これに対して、自動運転車は個人の移動データを取得できる上、自動運転のために取得したデータで街やインフラの状況を把握することもできる。インパネの操作履歴を分析すれば、運転者の嗜好を把握することもできる。

　例えば、企業は自動車を使って仕事をする社員の行動分析に使うこともできる。エネルギーほどの定点観測の機能はないが、スマートシティを運営するために、ダイナミックデータを多面的に得られることの意義は大きい。こうしたデータが重視されるようになったのは、スマートシティのターゲットがエネルギー効率の高さや低炭素を目指す環境性の高いエコシティから、快適さ、効率性、安全性などを目指す高機能の都市に変わってきたからだ。

　2つ目の理由は、自動車は最大級の資金が投じられる産業分野だからだ。日本では完成車メーカーの事業規模だけでも電力市場の数倍はあるし、産業の裾野も広い。さらに自動運転が現実味を帯びてきたのを契機に、Googleを始めとするIT大手が参入してきたことで圧倒的な資金が投じられる産業となった。複雑な要件が求められる走行、安全性、環境性、居住性など最も高度なAI/IoTが求められることも技術開発資金を呼び寄せている。例えば、スマートハウスはAI/IoTの導入が最も期待されている分野の一つだが、そこで求められている、温度管理、オーディオや設備の統合管理、ユーザーごとのカスタマイズ、最適化、音声分析などは、自動車では既に実現されている。それに自動運転システムが加わるのだから、自動車こそ最も高度なAI/IoT分野であると言っていい。ここでの盛衰がAI/IoT関連の事業での行方を大きく左右することになるはずだ。

EVの現実解

　電動化が進んだこともスマートシティにおける自動車の存在感を高めた。電気自動車（EV）については1回の充電での走行距離が注目されてきたが、最大の問題は充電システムである。日本では自動車2,000台に1カ所の割合でガソリンスタンドが整備されてきた。給油時間を3分とすると、ガソリン車の1回の給油サイクルで、ガソリンスタンドは100時間（6,000分）稼働していることになる。EVになると給電時間は概ね80%で30分だから、これが1,000時間になる。ガソリンスタンドの給油設備の稼働率を現状の10倍にできるとは思えないから、EVがガソリン車を代替するにはガソリンスタンドの何倍かの充電スタンドを整備しなくてはならない。

　最近、充電時間が5分で済む設備も開発されているが、その給電能力は350kwにもなると言う。つまり、この設備が6台整備された給電スタンドは特別高圧扱いになる。ガソリンスタンドと同じくらいの密度で特別高圧の施設を整備することは、送電網整備の面からも地域住民の安心の面からも考えにくい。こうした状況から、現状の蓄電技術の延長でEVがガソリン車を完全に代替することは考えられないのである。充電時間の問題は、EVで使うエネルギーを充てんするためのkw×時間をどうするか、という単純な構造から生じているので、EVに積んでいる電池に外部から充電するという仕組みがある限り逃れようがない。

　この問題の一つの解決策は充電した電池を積み替えることだが、現状の蓄電池では重すぎて積み替えは現実的ではない。電池の積み替えというビジネスモデルで一時注目されたベンチャー、ベタープレイスは経営破綻した。充電時間の問題を解消するには、現状よりエネルギー密度が10倍以上高い蓄電池が開発されなくてはならないだろう。それまでは、EV、PHV、HVをいかに上手くバランスさせるかが現実的な解決策となる。

第3章　エナジーDX（Digital Transformation）

パリ協定の期待を背負ったPV

　EVにはパリ協定が目指すエネルギーシステムの実現に貢献できる可能性がある。これまで再生可能エネルギーの中心は風力発電だったが、パリ協定が目指す低炭素化のレベルを実現するには太陽光発電の大量導入が欠かせない。再生可能エネルギーの中で太陽光発電が世界中に最も広く分布し、賦存量も圧倒的に大きいからだ。発電単価が下がっていることも太陽光発電への期待を高めている。最近、日照時間が長く日照が強い低緯度地域では、太陽光発電が画期的に低い発電単価を実現している。電気の質を考えなければ、今や発電端の単価は太陽光発電が最も安い。火力発電は発電コストの過半が燃料費であることから今後も発電単価の低下が期待できず、原子力発電は東日本大震災を契機に発電コストが大幅に上昇した。風力発電も技術が成熟し、発電コストを下げるためには大型化が必要になる。最近開発されている数千〜1万kW規模の風車を設置できるのは遠浅が続く洋上発電しかない。これに対して、光電効果を用いて発電する太陽光発電には、まだ効率化やコストを改善する技術開発の余地がある。「最も安い発電技術は太陽光発電」という認識は今後一層高まっていくはずだ。

　ただし、太陽光発電には他の発電技術にはない問題もある。風力発電のように、発電量が天候によって左右されるだけでなく、時間によっても左右されるからだ。最も発電ポテンシャルが高く、最も発電単価が低く、最も扱いが厄介なのが太陽光発電なのだ。

　太陽光発電は太陽が出ている間に発電し、日照が強くなるにしたがい発電量が増え、日照が弱くなるにしたがって発電量が減る、山のような発電カーブを形成する。需要も人間が活動する昼間に多くなるが、工場の需要がある稼働時間中は比較的平坦であり、家庭の電力需要は、例えば冬場などは夕方に需要のピークが来る。太陽光の発電カーブと比べると需要カーブの変動は小さく、需要は一日中絶えない。

1 「PV（太陽光発電）to EV」が次世代スマートシティの鍵

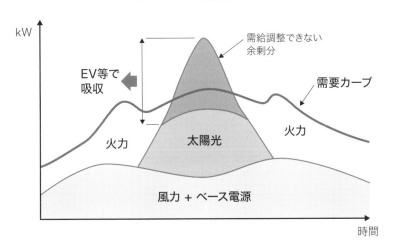

図表 3-1-1　太陽光発電の楔（くさび）

　こうした需要カーブと太陽光発電のカーブを組み合わせると、平坦な需要に楔を打ち込んだような形になる（図表3-1-1）。今後、パリ協定の目標に向けて再生可能エネルギーの比率を増やすということは、この楔を大きくするということに他ならないので、需要と供給の時間的なギャップは一層大きくなる。

PVとEVの親和性

　これまで発電ポートフォリオをはkWhで語られてきた。日本でも2030年のエネルギーミクスはkWh表示だ。エネルギー計画がkWhで表されてきたのは、水力、火力、原子力など、需要に対して発電量を変動できる電源でポートフォリオが構成されてきたからだ。しかし、これからは再生可能エネルギー特に太陽光発電の増加により、需要カーブに突き刺さった楔をどうやって時間的に平準化するかが、エネルギーシステムの最大の課題になる。

第3章　エナジーDX（Digital Transformation）

　東京電力は再生可能エネルギーの電力が余った場合に、工場に割安な価格で電力を供給するサービスを開始した。再生可能エネルギーの変動を吸収するために重要な取り組みだが、工場は電力料金だけでなく、市場のニーズ、在庫量、材料費、人材の稼働など多くの条件を勘案して生産量を調整している。一般の業態では、その中で電力料金は生産量を決めるための必ずしも大きな要素ではない。電力料金を下げるために生産量を変動させたために、他のコストがそれ以上に上がってしまっては元も子もない。重要な取り組みではあるが、安い電力を柔軟に活用できる工場は限られるだろう。家庭でも電力の安い時間に洗濯機を回すなどが考えられるが、そのためにスタンバイしておける家庭は限られる。

　太陽光発電の楔を吸収するためには、このように効果が限定される取り組みを積み重ねていくしかない。蓄電池で楔の部分の電力を溜め込むのもそのための一つの手段に過ぎない。しかも、現状の蓄電池のコストを考えると、単価が大幅に下がること、他の目的に使われている蓄電池を有効に使われる環境が整うこと、のいずれからが実現しなくてはならない。そして、後者の最右翼がEVということになる。

　EVのシェアには諸説があるが、最も一般的な20%程度とし、1台のEVに搭載される蓄電池が50kWhとすると、日本で稼働している自動車は概ね8千万台だから、合計で8億kWhの蓄電池が存在することになる。一般の自動車は稼働率が5%程度とされるから、7億6千万kWhの蓄電池が使われない状態で保管されていることになる。

　2030年のエネルギーミックスによると日本での太陽光発電による電力は概ね750億kWh／年であるから、EVで使われていない状態にある蓄電池を3割程度使えば吸収できることになる。太陽光発電の楔を吸収するために最もポテンシャルの高い手段の一つと言える。しかも、EVの蓄電池はEVを走行させるために投資されているから、電力用の蓄電のために新たな投資を行う必要がないのである。

PV to EV がパリ協定実現の鍵

　EVの蓄電池については、非常用電源などの利用が注目されているが、パリ協定の目指すエネルギーシステムの実現に向けて最も期待されるのは太陽光発電の楔のような発電量の吸収なのである。この楔を吸収する仕組みを作った国が、最も大きなポテンシャル可能性のある再生可能エネルギーである太陽光発電を使いこなすことができる。

　昼間は自動車の活動時間だから、普通に考えると、夜間に比べて太陽光発電の余剰を吸収するのは難しい。しかし、街中を見れば、長時間駐車しっぱなしの自動車がたくさんある。仕組みさえあれば、かなりの電力を吸収できるはずだ。自動車の平均的な稼働率を考えると、EVの3分の1程度に給電を促すことは現実的な目標になり得る。

　最初に思いつくのは、太陽光発電で余剰の電力が期待できる時間帯の単価を下げることだ。しかし、これまでもダイナミックプライシングは思ったような成果を上げていない。安売りをしているガソリンスタンドには長蛇の列ができるが、EVはガソリン車に比べて燃料代が格段に安いので、ガソリンの値段を下げるほどのインセンティブ効果は期待できないのだ。より高い成果を狙うには、強制力のあるルール、あるいは特定のコミュニティの中で昼間の充電を促し合うような取り組み、が考えられる。普通の国で前者の策は取り得ないので後者を実行するための方法を考えよう。

PV to EV の促進策

　まずは、いつでもどこでも充電ができるような充電設備と充電スペースの確保である。事業所、有料駐車場、ショッピングモール、マンション、等、あらゆる駐車スペースにEVの充電器を設置する。そのためには、駐車場の所有者に充電設備の設置を促すための支援策が必要になる。

　2つ目は、適切な電力供給を管理するための体制づくりである。いつ

でもどこでも充電できるような環境を整備すると、インセンティブが効きすぎて特定のエリアで変電所の容量を超える電力が流れたり、電力需給が不安定になる可能性がある。太陽光発電の楔が生じる特定の時間に集中的に充電する仕組みを維持するためには、給電の量が管理値を超えた場合は給電を制限するような管理体制とシステムが必要だ。そのためには、充電のインセンティブを与えるのと同じ範囲で充電管理ができることが望ましい。物理的な電力の需給管理を考えると、配電網の範囲で充電インセンティブと充電量の管理ができるのが理想的だろう。

　3つ目は、特定の時間に充電を促すためのインセンティブ政策である。太陽光発電の楔は用途がなければ、放電するか、オフラインにするしかない。したがって、楔の時間帯のEVの充電のための電気料金はできるだけ下げる。EVに充電する以外の方法で吸収するためには蓄電池や送配電網の整備のためのコストがかかるのだから、それらの回避コストを考えてマイナス料金を設定することもあり得る。ガソリン代に比べて電気料金が安いことや、ダイナミックプライシングの効果が限定的であったことを考えると、重層的なインセンティブプランが必要だ。今後自動車のデジタル化が進み、充電の時間と量を記録できるようになった場合には、PVを積極的に利用したEVの税金を割り引くなどの方法も考えられる。いずれにしても、EVで充電することによって、社会的にどのくらいのコストを回避できるかを分析した上で対策を練ることが必要になる。

　4つ目は、価格インセンティブ以外のモチベーションを作ることである。そのために、EVやPHVを所有している人は、「特定の時間内に充電することが市民として望ましい行動である」、という意識を持ってもらうための策を講じる。例えば、廃棄物処理では、市町村が中心となって、適正な分別のために学校での環境教育、市民への情報提供や協力要請、分別しやすいゴミの受け入れ場所の整備、などの政策を講じ成果を上げている。EV充電についても、身近なコミュニティの中で同じよう

1 「PV（太陽光発電）to EV」が次世代スマートシティの鍵

な政策を取れば一定の成果が期待できるはずだ。

　5つ目は、情報システムの整備だ。まずは、前々日、前日、当日などの何時ころに充電をして欲しいかを通知するシステムが必要になる。同時にインセンティブ策についても通知することが必要だ。こうした通知に応じて、充電するかどうかの旨を返信してもらえると、送配電運営者として充電システムを管理しやすくなる。リモートで充電するためのシステムも必要だ。充電器に接続した瞬間から充電が始まってしまっては、特定の時間での充電管理ができないし、充電のためにいちいち車を操作しなくてはならないようではモチベーションが落ちる。携帯機器で充電器につなげたEVの充電状況を確認したり、充電のオン・オフができるとPV to EVの利便性が高まる。

❷ DX化で再び注目されるスマートシティ

都市のネットワークの基盤となるエネルギー

　太陽光発電の電力の楔を吸収するための上述したような仕組みに欠かせないのが、中広域でのエネルギーマネジメントシステムだ。そのシステムは、太陽光発電の発電量と発電時間帯を予測し、EVの電力需要と充電のタイミングを計算し、両者をマッチングさせる、という高度な機能を備えなくてはならない。これまでのエネルギーマネジメントシステムに加えて、AIを使った予測機能やマッチング機能、IoTを使ったEVからのデータピックアップ、データインプットが欠かせない先進的なシステムとなる。これだけの機能を持ったエネルギーマネジメントシステムを作ると、パリ協定を見据えた為政者あるいは同協定を背景とした低炭素型ビジネスを指向する経営者は、これをより多面的なエネルギーマネジメントに利用しようと考えるだろう。

　例えば、電力の供給では、太陽光だけでなく、風力発電、バイオエネルギーといった再生可能エネルギー、さらには大型水力、火力、原子力発電といった大型の電源の発電量を調達可能なエリア内で予測することだ。需要面では、EVが走行するエリア内のビル、住居、商業施設、インフラの電力需要とそれらを組み合わせた需要カーブを推計し、これを電力供給とマッチングさせようとするだろう。ビルや住宅は自らエネルギーマネジメント機能を持ち、太陽光発電なども行うスマートビル、スマートハウスとなっていくから、中広域のエネルギー需給のマネジメントと連携することになる。

　こうして構成されるエネルギーマネジメントシステムはEVだけを対象としたシステムから多くの需要家を結ぶエネルギーマネジメントシステムとなり、並行して情報ネットワークも形成する。その中で電力の需給をアグリゲーションすることで、個々の需要家ではできないレベル

図表 3-2-1　エネルギーと交通分野のネットワーク技術

エネルギー	交通
・社会的に広く普及	・社会的に広く普及
・個別需要家に接続	・早くから個々の車両の制御が進む
・需給データの取得・分析、及び制御が可能	・公共交通では早くから走行データの取得・分析、制御が進む
・早くから需給調整を実施	・道路についてもインテリジェント化が進む
・継続的なデータ取得が可能	
・自由化、再エネ化によりスマートグリッドの導入が進む	・センサー、制御機器の進歩で近年、レベル1、2の技術が急速に普及
・需要側でも EMS などが普及	・各地でレベル4の技術によるサービス実装が視野に
・施設・設備・機器の管理・制御と連動	・画像、ユーザー動向など情報が多彩
・インターネットとも接続	・Connected 機能が高く、町並みデータの分析等も可能に
・広域は電力会社が制御	
・施設は個々の事業者が制御	・自動車分野に巨額の投資

　の省エネや低炭素化を図ることができるし、そのためのサービスも生まれる。電力需要が伸び悩む中での事業運営を余儀なくされているエネルギー事業者としては、サービスの付加価値を上げるチャンスになる。また、そこに他のインフラのデータを載せて、より効率性の良い都市・地域運営を目指そうとする動きが出てくる。電力と並ぶ重要なエネルギー資源である都市ガスは電力にほぼ近い需要家を抱えるから、エネルギーマネジメントシステムのネットワークに加わり、電力と同様に需給の最適化を図ろうとするだろう。効率化が求められる上下水道や道路管理にも接続のニーズがある（図表3-2-1）。

モビリティサービスと都市運営

　地域のデータネットワークとして近年注目されているのが、モビリティサービスのネットワークだ。2015年にグーグルが自動運転の実証

試験の内容を公表してから、自動車会社、IT企業が自動運転市場への参入をこぞって表明した。最大級の産業である自動車産業が電動化と自動運転技術により100年に一度と言われる変革の時代を迎え、IT分野を中心に多くの企業が関心を寄せている。日本でも既に軽自動車まで基本的な自動運転技術が搭載され、2020年の東京オリンピックまでに無人自動運転によるモビリティサービスが実装される運びになっており、巨大市場の変革はリアリティを増している。

　都市運営の分野で自動運転技術を使ったモビリティサービスが注目される理由は2つある。

　1つは、モビリティ機能を高めることが都市の活力を高めるからだ。都市住民の生活は住居、上下水道や電気のような基礎的インフラ、官民による住民向けサービス、都市内、都市外の機能との移動手段により支えられている。このうち移動手段は都市の効率性や利便性を評価するための重要な要素だ。これまでも軌道交通、バス、タクシーなどにより移動手段が提供されてきたが、移動手段間のスムーズな連結、移動手段空白地域のサポート、高齢者などへの対処などに課題があった。また、最近では交通機関の運転手不足が深刻な問題となっている。ここに自動運転技術や情報システムを導入すれば、こうした問題の解決や緩和が期待できる。

　2つ目は、モビリティサービスから得られる情報の活用だ。エネルギーインフラからも需要家の生活や事業活動の情報を得ることはできる。しかし、データ取得のポイントが固定されているため、スイッチをオン・オフする間の活動を把握することはできないし、エネルギーを使った目的を把握することは難しい。これに対してモビリティサービスの情報は個々の需要家の移動に関わる情報（移動場所、時間、利用者のセグメント等）を把握できるので、地域住民の動きの分析に役立つ。また、移動しているだけに、防犯や地域の状況把握などに関する情報も把握できる。ただし、エネルギーと異なり、ネットワークの対象とモビ

リティサービスの利用者に限られる。つまり、次世代スマートシティの情報ネットワークは、広がりのあるエネルギーのネットワークにモビリティサービスのダイナミックデータが載る形で形成されていく。

　MaaS（Mobility as a Service）は革新技術を使って新たな移動手段を提供したり、複数の交通機関を円滑に結び付けマルチ・モーダルサービスを提供したり、モビリティサービスと都市機能を等を結びつけることにより利便性や付加価値を提供することを示す言葉であり、最近急速に注目が高まっている。MaaSの本格的な実施例が出てくるのはこれからだが、本来の意味を踏まえるのであれば、特定の地域や都市を対象として、利用者が見える環境の中で、マルチモーダルのシステムや情報ネットワークを築くことが高い効果につながるはずだ。その時、対象となる都市にエネルギーなどをネットワークする情報インフラがあるなら、それと連携することで付加価値を高めていこうと考えるだろう。

　インフラ、モビリティサービスを連結する情報ネットワークができれば、利用者の利便性を図ったり、施設運営等の効率を高めるために、商業施設や病院なども地域の情報ネットワークと連結しようとするはずだ。こうして都市にある様々なサービス、インフラ、施設を繋ぎ合わせた情報ネットワークが形成される。

エネルギーデータが電力の価値になる

　こうした多分野の情報をネットワーク、制御するのがDigital Trasformされた未来のスマートシティ、Digital Transformed Smart City（以下、DXSC）である。日本のように新規の都市開発が殆どない国でどのくらい実現するか分からないが、世界中でAI/IoTを駆使した都市づくりが始まっている。重要なのはAI/IoTを駆使した都市ができるかどうかが、単なる技術的興味ではなく、将来の産業競争力を占うことなる、という点だ。都市の中で様々な分野の情報が重なり合い、分析され、サービス、都市運営、施設や設備の仕様などに反映されていくことで、

第3章　エナジーDX（Digital Transformation）

新たな技術、サービス、ビジネスモデルが生まれるからだ。

　AI/IoT時代には、デジタルデータとの相乗効果の多寡があらゆるサービス、製品の付加価値に影響を与えることになる。それを前提にすると、情報量が多いほど付加価値を高めるAI/IoTが最も進化する場が、最も大量かつバラエティに富んだ情報が集まる都市になるのは必然と言える。国としての産業戦略の行方は、次世代産業の器となるデジタル・マネジメントされた都市をどれだけ創り出すことができるかに影響を受けることになる。こうした流れの中で、今後全てのスマートシティがDigital Transformされていくことになる。

　電力については、従来の基礎的インフラとしての電源、送配電網に関する技術レベルや競争力という観点に加え、DXSCの基盤となるデータリソースとしての価値を見出していくことが重要になる。モビリティサービスは高度なセンサーで付加価値の高いデータリソースになるかもしれないが、サービスが実装されていない地域ではDXSCの基盤には

図表 3-2-2　データリソースの位置づけ

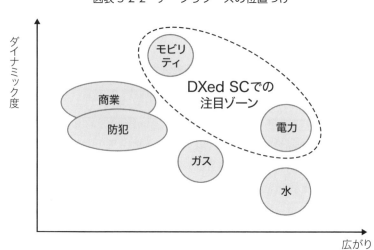

なり得ない。住宅や施設についても集積度はまちまちだし、データ収集のための合意づくりが必要になる。上水道は電力と同程度に普及しているが、収集できるデータに限りがある。電力は、世の中に広く普及し、データ収集が比較的容易で、データの付加価値も比較的高いデータリソースであるという意味でDXSCの基盤となる。次世代産業の孵化器としてDXSCを作り上げようとする国があれば、こうした電力のデータリソースとしての価値に注目するはずだ（**図表3-2-2**）。エネルギーデータが価値を生み出す場はいくつも考えられるが、他のインフラとの接続、生活や産業活動との融合という観点で、DXSCは最も高い価値を生み出し得る場と考えられる。

3

「エネルギー×データ」のフロンティアをリードする中国

強みとなる中国の開発園区

　中国にはDXSCを作り上げるための他国にはない社会基盤がある。新たな都市を作るための開発園区という事業の枠組みだ。中国では、新しく都市を作る際に、地方政府が当該都市が目標に沿って開発されるよう管理するための管理委員会が設立される。同時に、管理委員会の指導の下、都市のインフラや公共施設を整備する開発公司が設立される（図表3-3-1）。開発公司は地方政府が出資する開発会社だが民間企業が共同出資する場合もある。開発公司は都市内のインフラを整備し個々の区画に民間企業のオフィス、工場、住宅を誘致して開発資金を回収する。こうした事業形態により、中国中で膨大な数の都市開発が行われてきた。

　開発園区は、まず中国が世界の工場となるために貢献した。工業団地のインフラを整備して世界中から工場を誘致したのだ。開発公司は工場を誘致した後もインフラを管理し、立地した工場の様々なニーズに対応していく。

　2000年代になると開発区は高度な都市機能づくりに貢献した。その代表が上海東部の浦東開発だ。当時中国最大となった上海浦東空港を始め、港湾、保税区などの国際交通基盤が整備され、近年摩天楼が中国最高を競い合う国際金融街が建設された。浦東開発は上海が世界トップレベルの国際都市となるために大きく貢献した。

　中国では、歴代国家主席が巨大な都市を開発してきた。鄧小平氏が開発したのは、今やアジアのシリコンバレーと言われる深圳だ。深圳は当初工業団地中心に開発されたが、その後、研究開発、都市機能の開発を重ねて現在のような先進都市となった。

　鄧小平氏の後を継いだ江沢民国家主席が進めたのが上海の浦東開発であり、江沢民国家主席の後を継いだ胡錦涛国家主席は天津の東約40km

の渤海湾沿岸の濱海地区を開発した。濱海開発の最大の特徴は、中国の環境都市のモデルを目指した中新天津生態城が開発されたことだろう。中新天津生態城は高い目標を掲げたエコシティ開発に挑戦することで、中国の開発区事業や都市づくりの品質を底上げすることに貢献した。最近開発されている中国の開発園区の品質は10年前に比べるとかなり高くなっている。先進国の都市と比べるといまだ課題はあるが、10年程度の間での進化と考えると賞賛すべきものだ。

　改革開放後の中国の歴史を振り返ると、時代時代の政権が開発園区という手法を使って、中国という国の付加価値を高めることに貢献してきたことがうかがえる。

中新天津生態城の今

　中新天津生態城は2008年、中国とシンガポールとの協働により、中国の環境都市とのモデルとなるべく開発が始められた。開発に当たっては20を超える、当時としてはチャレンジングな、エネルギー、水、交通、リサイクル、生活環境などに関する定量目標が定められた。チャレンジングであった分、現段階で達成されていない目標もあるが、建物の省エネ、水システム、緑化率、生活環境などでは実績を上げ、中国の都市開発のレベルを底上げする実績を残した。他の都市開発案件の話を聞くと、中新天津生態城が残した実績をトレースするような目標を掲げているところもあり、チャレンジから学び取るという中国の政策や事業の取り組みの成果が分かる。

　その中新天津生態城が昨今掲げているのが、「エコシティからスマートシティへ」というテーマだ。ここで言うスマートシティとは、上述したような、都市のインフラ、サービス、建築物、生活等から得られるデジタルデータを分析し、快適で、便利で、安心でき、付加価値の高い生活やビジネスが生まれるDXSCに他ならない。その天津生態城で最近開設されたのが都市管理センターだ。ここでは上下水と水リサイクルを

第3章　エナジーDX （Digital Transformation）

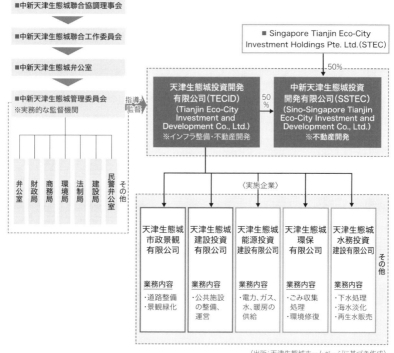

図表 3-3-1　中新天津生態城の実施体制

（出所：天津生態城ホームページに基づき作成）

含む水システム、廃棄物、道路、などのインフラの運転、管理データが一面に表示され、複数のインフラを統合的に管理できるようになっている。今は、基本的な運転データが対象のようだが、例えば、水道管にセンサーを設置すれば、漏水管理ができるようになるなど、都市管理データは今後いくらでも充実することができる。注目されているモビリティサービスについても、園区の中で整備されれば同じネットワークに繋ぐことができる。重要なのは分野を超えたデータを一つのネットワークの中で統合的に分析できることだ。データを多面的に収集、分析すること

で、DXSCが目指す都市の運営が実現に近づく。

　開発園区の目的はもともと工業団地などを地域ごとに責任とスピード感を持って進めることにあったが、DXSCが次世代産業の孵化器となる時代となり、別の意味で強みを発揮することになった。エネルギーの観点から見ると、エネルギー自体の需給管理という役割に、DXSCの基盤となり得る都市データとしての役割が加わった。

　同じような統合データ管理を日本でやるのは容易なことではない。上水、下水、廃棄物、道路、交通等々が省庁縦割りとなっており、自治体側の組織もそれに倣っているからだ。省庁との壁を超えて協働することがどれほど難しいかは、分野横断的な地域の事業の関わった人なら誰でも理解できる（図表3-3-2）。

中国の絶対的な強み

　中新天津生態城の10年の歴史を見ると、中国はDXSCの実現に向けて他の国にはない大きな強みを持っていることが分かる。

　1つ目は、開発園区の意思でインフラ整備ができることだ。エネルギーであれば、主要な公共施設にコジェネレーションをできるだけ配置することやEVの充電スタンドを高密度で配置することもできる。もちろん予算の制約もあるが、日本のような分野間の制約も少ないし、開発事業で利益を上げれば予算上の自由度を上げることができる。資金や技術を持ち込んでくれる国内外の事業者との提携にも積極的だ。こうした事業判断や投資に関する運営方針は、管理委員会の少数の主任クラスの協議により決めることができるので、民間企業のような明確でスピーディな意思決定が可能になる。

　2つ目は、前項と同時に国の方針にしたがった開発ができることだ。例えば、中新天津生態城が次世代のスマートシティの指向を強めている背景には、中国政府がデジタル管理機能を持った都市を開発するという政策方針を持っているからだ。日本だと政府が方針を立てて予算を確保

し、モデル事業の対象となる地域を選び、補助金を出すというプロセスが取られることが多い。こうした方式では整備できる地域の数が限られるし、地域の側でも十分な予算を確保できない、あるいは十分な事業運営体制を築くことができないといった問題が生じる。中国では、開発園区が独自の予算と強い指導力を持っている上、次に述べるような中央政府の政策方針がリスペクトされる構造があるので、スマートシティのような事業での成果創出と横展開が可能になるのだ。

3つ目は、開発園区の目標達成指向が強いことだ。上述したように、開発園区は目標達成に向けて民間企業並みのスピードと工夫で突き進む。この背景には、中国の政治機構がある。日本の霞が関では入庁前の国家公務員上級試験の順位が後々まで出世に影響するという。これに対して中国の行政機関の出世は実力重視だ。政治と行政の一体性が強い中国では、個々の開発事業や小さな地方政府での実績が出世の階段を上っていくための条件になる。実績が上がらない者が配置換えされることは

図表 3-3-2　中新天津生態城の公益事業運営維持管理センター

(出所：中新天津生態城資料)

日常茶飯事だ。そうした環境の中で、開発園区の責任者は自らが掲げた目標と中央政府に課された目標を達成すべく必死に努力するのである。その目標達成指向は日本の一般の民間企業に比べても強いように感じる。

デジタル・マネジメントで強みを発揮する開発園区

　4つ目は、開発園区単位でデータ管理ができることだ。中国の開発園区では上下水道、廃棄物、交通等、全てのインフラやサービスの整備、運営を担うため複数分野のインフラの統合管理が可能になる。これまでも開発園区の統合的な管理運営は縦割りでインフラを管理する日本などに比べ効率的だったろうが、AI/IoTの時代には統合管理の効果が一層大きくなる。

　将来的には、どこの国でも多くのインフラにセンサーが取り付けられ、遠隔で管理・制御されるようになる。その時、センサーやシステムの様式を統一し、複数のインフラを統合するセンターで管理した方が効率性が高くなるのは明白だ。緊急時や修繕などの対応のためのスタンドバイオペレーションの効率も上がる。また、データを統合的に分析することの効果も期待できる。例えば、災害時の地域状況の把握、住民サービスのための状況把握、防犯などを複数のインフラから得られるデータで効率化することが可能になる。開発園区は地域のシステム化に関する権限も持っているから、判断さえすれば、すぐにでも中新天津生態城のような統合的な管理が可能になる。完成度の高いシステムが出来上がれば、それを他地域に展開して、より広い地域で効率化やデータの活用を図ることができる。

　5つ目は、開発区に合わせて広域インフラも整備されることだ。中国にはまだまだ未開拓の土地が多い。多くの開発園区は未開拓、低開拓の土地で整備されるので、インフラも新たに整備される。DXSCの観点から見ると、そうした開発園区の立ち上げの効果が出るのは電力の分野だ。数十km^2が一般的な規模の開発園区を整備するために新たな配電網

第3章　エナジーDX　(Digital Transformation)

や変電所が建設されるので、構造的には開発園区の運営に合わせて配電網を運営することが可能になる。そうなると、先に述べた太陽光発電の楔を吸収するための電力関係の様々な取り組みと連動させて配電網を運営することができる。現実には、国家電網、南方電網という世界1、2位の送電会社が配電網の運営を担っているので、開発園区が主体となって配電網を運営することはできない。しかし、送電会社が開発園区の投資公司と連携しながら、広域の太陽光発電の発電量の予測、開発園区内で余剰となった電力の吸い上げ、需要家に対するインセンティブプラン作りを行うことは可能だ。実際、筆者が関わった中新天津生態城の事業では、中国の政府機関と国家電網が中新天津生態城側と、再生可能エネルギーをふんだんに投入したマイクログリッドを構築することに合意したことがある。

　近年、中国の国営会社は政府機関の改革の一環で収益性の向上を求められており、新たな事業に展開するケースもある。送電会社は発電事業を手掛けることが制約されているため、エネルギーの知見とインフラを生かすことができ、AI/IoTといった革新技術を活用することができるDXSCのインフラ運営に関心を持つかもしれない。

開発園区を強くするEVとプラットフォーマー

　6つ目は、中国がEV普及で大きく先行していることだ。EVはDXSCの絶対に必要な構成要素という訳でないが、十分な数のEVが走っていることは2つの理由からDXSCの機能を高める。

　1つは、エネルギーシステムとして、本章の初めに述べた太陽光発電の楔を吸収する機能が高まることだ。その分だけ、太陽光発電の楔を吸収するための蓄電池の容量を減らすことができる。また、送配電網側と需要家側でのやり取りが増える分、エネルギーシステムの双方向のレスポンス機能が高度になる。それは需要家向けのサービスやエネルギーシステムの管理能力の向上という形で反映されることになろう。

3 「エネルギー×データ」のフロンティアをリードする中国

　自国内のインフラの投資回収手段が増えるという観点も重要だ。パリ協定により、今後再生可能性エネルギーの投資は風力から太陽光へ、高緯度の先進国から低緯度の新興国、途上国へと変わる。新興国、途上国は地球温暖化対策だけでなく、中国と同様、ガソリン車、ディーゼル車、石炭火力による環境汚染に悩む。一方で、太陽光発電の国土面積当たりの賦存量が相対的に大きいから、太陽光発電をどのくらい整備できるかが重要な政策課題になる。そこで、中国が低価格のEVと太陽光発電設備と共に、両者を組み合わせたエネルギーシステムを供給すれば、中国にとって自国技術の海外展開の大きな武器となる。開発園区でそのためのシステムを作ることができれば、日米欧諸国をリードすることも十分に可能だ。

　もう1つは、DXSCの中のデータが充実することだ。太陽光発電の充放電に関するデータが取れる分だけ自動車を使った移動データの量と質が充実する。また、EVは自動車の走行自体が電子的に制御される部分が多くなるし、新しい車体が多くなるので自動運転技術やコネクテッド技術が搭載される率も増える。結果として、DXSCの制御側とのやり取りが多くなる。前述したように、モビリティからは他のインフラにはないダイナミック情報が得られるので、モビリティ関連のデータが増えることはDXSCの情報システムが充実することにつながる。

　7つ目は、強力なプラットフォーマーが存在することだ。この10年間の中国の最大の変化の1つは、アメリカですら脅威に感じるようなプラットフォーマーが育ったことだ。アリババ、テンセント、バイドゥ、ファーウェイなどのIT企業は、世界的に見てアメリカのIT企業に迫る事業規模があり、技術力も高く、今後も成長を遂げる可能性が高い。中国でDXSCを建設し、インフラ、交通、各種施設から収集するデータを分析し都市の運営に反映する場合、個々の開発園区がデータのマネジメントを担うことも考えられるが、技術、投資力などの観点から、少なくとも実務については力のあるプラットフォーマーが担った方が効率的

第3章　エナジーDX（Digital Transformation）

だ。サービスの質もよくなるだろう。地方政府が住民向けの公共サービスという母屋を取られないための工夫はいるが、プラットフォーマーが担った方が技術やシステムの共通化も容易だ。

　DXSCへの参画はプラットフォーマーにとっても魅力的であるはずだ。公共性のある立場から幅広い分野のデータを大量に収集、分析できるからだ。実際に、アリババは杭州の雲栖小鎮で「都市大脳」のシステムを開発、滴滴は「交通大脳」を開発して武漢、深圳、済南など20の都市に提供、バイドゥは雄安新区の管理委員会と提携等、有力プラットフォーマーが続々とスマートシティの運営に参加し始めている。

　日本である程度以上の規模のスマートシティやMaaSのプラットフォームを運営しようとする場合に、力のあるプラットフォーマーが不足している問題が顕在化する。DXSCを普及するに当たり、政府と良好な関係にある力のあるプラットフォーマーが複数存在することは、他国にはない中国の大きな強みになる。

未来都市：雄安新区

　そして、習近平国家主席を中心とする中国政府が進めるのが、北京南方の河北省内に建設されている雄安新区だ。雄安新区の実態はまだ把握されていない。地下に物流網を集中させる、世界中から未来都市の計画が続々と提案されているなどの噂が飛び交っているが真偽のほどは分からない。分かっているのは4点だ。

　まず、同じく北京南方に2019年、現在の北京空港の二倍もの機能を持つ北京新空港が開港することだ。これだけの規模の空港ができれば、かなりの規模の都市需要が発生する。

　2つ目は、雄安新区では工業団地は作られず研究開発、学術、行政、居住などの施設が整備されることだ。一方で、雄安新区周辺の地域では産業系の施設の整備が計画されている。

　3つ目は、一部の行政機関が雄安新区へ移転することだ。既に、移転

3 「エネルギー×データ」のフロンティアをリードする中国

を指示された機関もある。

　そして、4つ目は自動運転を始めとするAI/IoT関連の技術がふんだんに導入されることだ。雄安新区では国内外を問わず、誰でも入れるデモンストレーション街区を公開している。10ha程度の敷地には、低層の施設が建設されており、実際に住居や事務所として使われている。ブロック工法で建設されたシンプルな作りでデザインや高さを競う北京や上海の街区とは設計思想が異なるようだ。一方、デモンストレーション街区にはいくつかの種類の自動運転車が走っている。トヨタのeパレットと同じくらいのサイズの自動運転車は街区内を走行するバスのよう

図表 3-3-3　雄安新区デモンストレーション街区の自動走行車

左上：回遊自動運転バス　　右下：荷物運搬車
左下：巡回車　　　　　　　右上：動く無人コンビニ

(著者撮影)

だ。いくつかのデザインの小型の自動運転車は動くコンビニ、荷物運び、巡回などのために使われている。無人コンビニもある。顔認証を使って店内に入り、ICタグ付きの商品を籠に入れウィチャットで精算して再び顔認証で退室する。チェックイン・アウトが自動化された無人ホテルもある（図表3-3-3）。

　実際に人間が活動する街区に使って現段階使えるレベルにあるAI/IoT技術を実装するというチャレンジングな取り組みだ。ただし、一つ一つの技術のレベルは、この分野の日米欧の事情を知っている人なら特に高いとは思わないかもしれない。しかし、個々の技術を見て、この街区での取り組みを評価するのは正しくない。ここまで述べたDXSCの意義を踏まえるなら、一定のレベルをクリアしているのであれば、個々の技術の完成度に拘り過ぎるより、ネットワークを形成し、データの蓄積を図り進化させていくことが大事だからだ。個別の技術に拘るあまり、市場の新しい価値に気付くことができないのであれば、それは王座を奪われ淘汰されつつある太陽光発電の歴史と同じだ。

　ソフトウェア開発では、実装とテストを繰り返すことで開発期間を大幅に短縮するアジャイル開発が提唱された。中国の開発園区での取り組みは、その考え方を都市開発に取り込んだようにも見える。中新天津生態城なら環境インフラ、雄安新区のデモンストレーション街区なら自動運転技術である。当初の目論見通りにはいかないこともあるが、そこで学んだことを次のプロジェクトに活かせば、いずれに目標に達する。圧倒的な数の都市開発事業を抱える中国だからこそ成り立つ考え方でもある。

　日本のようにDXSCの対象となり得る規模の開発要素を持つ案件が数えるほどの国では、一つ一つの案件で確実な成果を出さなくてはいけないので、都市に導入する個々の技術の完成度にどうしても拘ってしまう。しかし、都市がAI/IoTの技術と情報が渦巻く新ビジネスの発展の坩堝となるのなら、アジャイルな中国の取り組み方法と石橋を叩く日本

のアプローチの勝敗の帰趨は既に見えている。

世界のスマートシティ市場をリードする中国

　現在世界には400程度のスマートシティと呼ばれる開発事業があるとされる。そのうち、実に半分以上が中国に存在する。中国にはスマートな都市を大量に作り出さなくてはならない理由があるからだ（**図表3-3-4**）。

　1つは、先進国に比べて中国の都市人口の比率はまだまだ低いからだ。先進国では都市人口の比率が70％程度あるが、中国は50％をようやく超えたところだ。今後10％の人口が農村から移動するとしても、移り住む人の数は1億4千万人にもなる。中国の地方部の都市機能のレベルは低い。都市人口を増やすには受け皿として新たな都市づくりが不可欠だ。

図表 3-3-4　中国のスマートシティ

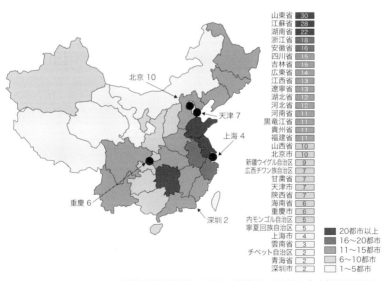

※不完全統計。重点都市のみ表示　　（出所：デロイト中国のレポート「超級智能都市」）

2つ目は、都市建設に伴う環境負荷を下げる必要があるためだ。14億の人口を抱える中国では、一人当たりのエネルギー消費量の増加が国としてのエネルギー調達のリスクを顕在化させる可能性がある。国際的なエネルギー市場のボリュームに対する中国の調達量の比率が大きいからだ。そこで新都市建設のためにはエネルギー効率の高い都市づくりが不可欠となる。中新天津生態城はそうした都市のモデルとなることを目指して開発された。

こうしたエコシティの基盤に加えて、中国政府が第13次5ヶ年計画で「基礎インフラのスマート化、便利な公共サービス、社会統治の精密化、ビッグデータの活用による新型スマートシティの建設」に言及したことで、スマートシティのDXに向けた取り組みが始まった。中新天津生態城の「エコシティからスマートシティへ」という目標もこうした政府の方針を受けたものだ。

スマートシティのDX化は雄安新区や中新天津生態城のような中央政府主導の都市だけで進んでいる訳ではない。中国西部の大都市重慶市では毎年、世界中のVIPが市長を囲んで提示されたテーマについて話し合う市長国際経済顧問団会議（CMIA）という会議が開催されている。参加しているのは、日本で市長はおろか大臣が呼び掛けても、これだけのメンバーが集まることはないだろうと思う顔ぶれだ。2018年の会議のテーマは革新技術を活かしたスマートな都市づくりである。世界中から集まった一流企業のトップ等がスマートシティの実現に向けた技術、コンセプト、アイデア等を披露し合った。実際に、図表にあるようにスマートシティに向けた都市の情報化が進められている。DXされたスマートシティの動きは中国中に広がっているようだ（図表3-3-5）。

第1章では再生可能エネルギー、第2章では従来型のエネルギーの市場で中国が圧倒的なポジションを築きつつあることを示した。パリ協定で低炭素型のエネルギーの市場は今後大きく成長することは間違いな

3 「エネルギー×データ」のフロンティアをリードする中国

図表 3-3-5 重慶市のスマートシティ

スマートコミュニティのプラットフォームで都市内の情報をリアルタイムで表示

スマートコミュニティのプラットフォームで警備員のパトロール経路をモニタリング

(出所:sina重慶ウェブサイト)

い。しかし、そこで使われている技術やシステムの殆どは成熟段階に入りつつあり、技術的にはもはやフロンティアとは言えない。パリ後の再エネ市場の勝敗は、成熟技術の生産性や投資戦略で決まることになる。

　エネルギー分野で低炭素型技術の先にあるフロンティアは、間違いなく「エネルギー×デジタル」の市場だ。まだ、市場の形が見えている訳ではないが、DXされるスマートシティが有力な市場になることは確か

115

第3章　エナジーDX（Digital Transformation）

だろう。そして、そこでも中国が他国を圧倒するような枠組みが着々と築かれているように思える。本書で述べた内容を前提とすると、数年後のDXされたスマートシティの分野における中国のポジションは、風力発電市場より、世界のベスト10のうち9社を独占する太陽光発電市場に似ているかもしれない。

第4章

市場を席巻した
中国のエネルギー・産業政策

1

お家芸の技術移転政策

東西冷戦時代に築かれた技術移転政策の枠組み

　1840〜1842年のアヘン戦争、1856〜1860年のアロー戦争でイギリスとフランスに敗北した清朝政府は、欧米諸国の強大な軍事力と背景にある高い工業力の威力を痛感した。日本に先駆ける1860年代に欧米諸国の工業技術を導入するために推進された「洋務運動」の工業技術導入政策は1912年以降の中華民国政府の時代も続いた（図表4-1-1）。

　欧米諸国からの工業技術の導入により発展の基盤を築くという歴史は日本と大きく変わらない。日本と違っていたのは、この時代の中国は政治が安定せず、技術移転を戦略的に進めることができなかった上、軍事産業への巨額の資金投入を余儀なくされていたことである。そのため、国内企業が育たず、海外からの対内直接投資に頼らざるを得ず、技術移転の体制を作ることできなかった。中国には、アヘン戦争以来100年間

図表 4-1-1　アヘン戦争以来の清朝末期の日中年表

時期	中国	日本
1840年代	アヘン戦争（1840〜1842年）	天保の改革（1841〜1843年）
1850年代	アロー戦争（1856〜1860年）	日米和親条約（1854年）
1860年代	洋務運動 (1861〜1890年代前半)	五箇条の御誓文（明治維新） (1868年)
1870年代	中英煙台条約締結（1876年）	廃藩置県（1871年）
1880年代	清仏天津条約締結（1885年）	大日本帝国憲法発布（1889年）
1890年代	日清戦争（1894年）	日清戦争（1894年）
1900年代	義和団の乱（1900年）	日露戦争（1904年）
1910年代	清朝滅亡（1912年）	関税自主権の回復（1911年）

（出所：各種資料より作成）

に技術で出遅れ、海外の技術の利用に資金を費やし、国富を失い続けてきたという反省がある。

技術移転の活動を始めてから100年近く経った1949年、中央集権型国家である中華人民共和国が成立すると、ようやく国内への技術移転を安定的かつ戦略的に進める政治体制が確立した。1950年代に社会主義国として、計画経済に則り国家主導で技術を開発し、全国に普及展開する「スターリン・モデル」を導入し、秩序だっていなかった技術導入を組織的計画的に実施できたことは、中国にとって幸いだった。技術導入が始まった当初、旧ソ連は社会主義国陣営の囲い込みのために積極的に技術援助を行い、中国も積極的に旧ソ連から技術者を招いて技術の移転を図った。この時期に技術移転のための政策展開を定型化し、政府、国営企業が一体となって共有したことの枠組みが、その後技術移転を加速することになる。

巨大な中国市場を背景とした技術移転政策

中国の科学技術研究を担い、技術の伝搬の役割を担う二つの重要な機関、中国科学院と科学技術部の前身は、各々中華人民共和国成立の1か月後の1949年11月と1956年に設立された（図表4-1-2）。

これらの機関が旗振り役となり、中国は以下に示すプロセスで、単なる技術導入でなく、部品製造を含めた産業基盤の構築を図った。移転された技術が中国国内で自立し広く普及するための政策を、政府、国営企業が一体となって取り組んだのである。

①政府が移転技術を選択
②海外の協力機関を選定
③技術移転先企業と連携
④製品製造のために関連企業を育成
⑤製品技術を国内で幅広く共有
⑥オペレーション・人材育成のための運用技術を導入

図表 4-1-2　中国科学院の概要

項目	内容
設立	1949 年 11 月
位置付け	・中国最高レベルの科学技術学術機関及び自然科学・ハイテク総合研究センター ・国務院直轄の科学技術領域の最高諮問機関
基本方針	・国家の戦略ニーズと世界の最先端科学技術に対応 ・科学とキーテクノロジーのイノベーションを強化し、科学技術の世界高峰に到達 ・基礎及び戦略性と先端性のあるイノベーションにより、中国の経済建設、国家安全と社会の持続的発展に絶えず寄与
活動内容	・国家の科学技術発展計画と重要な科学技術政策策定に係る助言 ・国家の経済建設と社会発展中に生じる重大な科学技術問題に関する研究報告の実施 ・学科の発展戦略と中長期目標に関する提案の実施 ・重要な研究領域と研究機関の学術問題に対する評議と指導 ・活動領域は、物理学、化学、材料科学、数学、環境、生態学、地球科学等
機構構成	・12 の分院（北京、瀋陽、長春、上海、南京、武漢、広州、成都、昆明、西安、蘭州、新疆） ・100 以上の研究機関、3 つの大学、130 以上の国家試験所および工学センター、270 以上の野外観測所から構成 ・71,000 人超のスタッフと 64,000 人以上の研究生が所属

（出所：Science Portal China、中国科学院ホームページ）

　こうした技術移転の対象は機械・設備、生産管理技術、製品技術、先端科学技術へと変化してきた。1960年代の中ソ対立後はソ連から持ち込まれた技術の国産化が中心となったが、1972年のニクソン電撃訪中後の米中和解によりアメリカとの関係が改善すると、急速な経済成長を遂げていた日本からも技術移転を進めた。

　1978年以降は、改革開放政策の下、欧米諸国から技術移転を進めよ

1 お家芸の技術移転政策

図表 4-1-3　改革開放の経済圏

(出所：中国国家観光局大阪事務所)

うとしたが、当時の中国にはそのための十分な資金力がなかった。そこで、米ソ冷戦下の計画経済の時代にソ連の国際協力に頼っていた技術移転を、巨大な中国市場を開放することで進めようとしたのだ。中国政府は、自国市場を開放する過程で、自動車、電力、鉄道など大型基幹産業を中心に技術移転を図ろうと考えたのである。

1980年に鄧小平氏をトップとする中国政府は深圳、珠海、仙頭、アモイ4つの都市で「経済特区」を開設した。華僑が多く集まり、技術と資金の入り口となる香港に接する深圳から改革開放を始め（図表4-1-3）、経済技術開発区を設けて技術の習得を進めたのである。その後、大連、天津、上海、広州など14の都市からなる「沿海」、長江流域の「沿江」、内陸部、国境周辺の「沿境」と拡大した三沿開放都市、高新技術開発区という特定地域への外資導入を図った。「経済特区」は当初「輸

出特区」と呼ばれ、免税措置や外資に有利な投資環境を整えて海外投資を呼び込み、先進的な技術や管理ノウハウを導入した。具体的には、原材料を購入しないで加工賃をもらう「来料加工」をライセンス方式による「合作企業」に転換して事業を開始し、海外企業と中国企業の「合弁企業」を立ち上げて技術移転の枠組みを深化させた。

魅力増す中国市場と拡大する中国投資

　中国が、外資の誘致が中心だった「改革開放」から、「市場を以て技術移転を図る」という技術移転の実効性を上げる政策にギアチェンジしたのは1992年のことだ。背景には、1980年代に自動車産業で海外メーカーの直接投資により輸入を減らして現地生産を増やすことで、組立産業の生産技術の獲得には成功したが、エンジンを始めとするコア技術の移転は実現できなかったとの反省がある。そこで中国政府は、輸入製品は価格が高く、中国国内での普及が進まないという理由で、完全な技術供与、現地生産、国内メーカー育成を目指して、国内で自立した産業基盤ができる技術移転を徹底させたのである。

　工場建設だけでは技術が十分に移転しないことを痛感した中国政府は、外資の出資規制により技術移転の実効性を上げる策を採った。2002年の「外商投資方向の指導規定」では、多くの製造業が奨励業種として一定の自由度が認められたものの、農業、エネルギー、通信、自動車など「外商投資産業指導目録」に記載された制限業種や禁止業種では、外資100％の「独資企業」は実質的に認められなくなった。国内企業の資本的な関与を強めることで、国内企業の人材の関わりが増え、技術移転が進むことを意図したのである。

　出資規制は中国市場の閉鎖性として批判も浴びたが、世界最多の人口を抱え世界の工場として成長し、巨大消費市場となった中国市場の魅力によって批判はかき消されていった。特に、2008年のリーマンショック以降は中国政府が巨額の投資を行ったことで、先進国は中国市場への

依存を高め、中国にモノが言えなくなった。

　中国政府は、技術移転を具体化するための指標として、国産化率を重視した。コア技術を海外に握られたままにしないように、部品1つ1つの技術移転に踏み込んでいったのである。独資企業が制限されたり禁止された業種では、国内企業の国産化率の制約を強め、一層の技術移転を進めた。工場建設だけで不十分な場合は工場への指導を条件づける等、国内研究開発へ海外メーカーの参加を奨励するためのアプローチをとったのである。先進国企業としては、将来力を付けた中国メーカーとの競争が懸念されるが、合弁会社設立への政策的な誘導がある中で中国メーカーとの協働を進めざるを得ず、中国にとって高度な技術を吸収しやすい事業環境が出来上がっていった。

技術移転が支えた従来型エネルギー技術と風力発電

　世界の工場となった中国で、産業と密接に関わる電力市場は2000年代に入り急速に成長した。特に火力発電のニーズが急拡大し、中国は巨大市場を開放する代わりに海外重電メーカーに技術移転を促した。火力発電は、外商投資規制の対象業種となり、60万kW以上の超臨界石炭火力発電、ガスタービン発電、10万kW以上の複合サイクル発電、石炭ガス化複合発電（IGCC）など、主要な火力発電設備の生産が外商投資奨励産業として中国との合弁会社が奨励された。火力発電所も外商投資制限産業の対象となり、輸入税、輸入増値税といった関税を課すことで部品についても現地化を進めた。中核技術の蒸気タービンについては国産化率を指標とすることで工場投資が進むよう政策誘導を行った。

　エネルギー源の確保と地球温暖化問題への対応のため、中国政府は風力発電の普及を図ったが、ここでも、輸入製品はコストが高い、との理由で国産化の推進を前面に打ち出した。2005年に「風力発電所の建設管理要求に関する通知」により、国産化率70％以上の風力発電しか建設できないと規定され、海外メーカーが中国市場でのビジネスを行う場

合は、中国に工場を建設するか、中国企業と合作・合弁会社を設立し技術指導をするかを選択しなければならなくなった。不当な貿易障壁との欧米諸国の批判で、2009年頃この規定はほぼ廃止されたが、入札価格で5％の優位性を与えるなど、中国メーカーを優先する政策は続き、競争力のある中国メーカーの育成に成功したのである。

2015年頃になると、欧州の金融界を中心とした座礁資産論などで石炭火力発電に逆風が吹き始めた。欧州では火力発電から撤退する重電メーカーや電力会社も多くなった。一方、中国は1人当たりのGDPが低く経済が発展段階にある、との理由で（総量規制ではなく）GDP当たりのCO_2排出量削減の目標設定が許され、2016年から始まった第13次五カ年計画で設定された、GDP当たりのCO_2排出量削減の目標値が国際的に認められてきた。

中国政府は、石炭火力を2020年時点で11億kWに抑えるとしているが、超々臨界発電や石炭ガス化発電を増やして発電効率を図ることを前提に、石炭火力の新設を継続する方針だ。石炭火力について、先進国の重電メーカーは、外商投資規制により独資による蒸気タービンの事業が制限され、中国メーカーとの合弁を余儀なくされてきた。パリ協定により中国以外での事業機会は限られていく。従来からの技術導入策と安定した国内市場を背景に、中国重電メーカーの世界トップシェアの地位は揺るぎないものとなる。

国産化される移転技術

民間企業が海外メーカーからある程度技術を習得した段階になると、中国政府は国の機関、大学、国営電力会社を巻き込み、政府予算を使って完全な国産化に向けた研究開発を行った。中国の技術移転政策とは、単なる海外からの技術導入に止まらず、導入された技術を土台に新たな技術を自主開発するプロセスをも含んでいるのである。

例えば、ガスタービンについては日米欧の企業が中核技術の防衛に注

力しているが、中国企業は既に一定のレベルの技術を習得しており、国主導で国産化を目指す段階に入っている。GEは2010年にハルビン電気と風力発電分野で提携して以降、天然ガス火力発電分野まで提携関係を拡大しているが、その過程で技術移転への協力を余儀なくされている。ハルビン電気はGEとの提携が軌道に乗ってきた段階で、GEと共同で通用電気哈爾賓中心（GEハルビン創新センター）という、複合サイクルガスタービンの技術開発と現地化を進めるための研究開発会社を設立した。河北省秦皇島市にタービン製造工場も建設し、GEの技術のさらなる取り込みを図っている。

一方で、国務院主導の下、国営企業の中国電力投資集団が子会社を通じてガスタービン開発の基盤組織を立ち上げ、清華大学、ハルビン電気他四大メーカーが参加し、ドイツ・シーメンス、イタリア・アンサルドと提携する研究アライアンスを形成した。また、中国政府は科学院主導で高効率低炭素ガスタービンの試験を進める予定だ。国のリードで、海外メーカーと提携した国営発電会社、ガスタービンメーカー、国の研究機関が結集し国産のガスタービンを開発することを目論んでいる。

石炭火力については、先進国企業は引き気味だが、中国は、国産化した石炭火力技術を世界のトップレベルに引き上げようとしている。超々臨界石炭火力発電では、蒸気圧をさらに高めた「国家700℃先進超々臨界石炭火力発電技術イノベーション」プロジェクトを進め、国産技術のさらなるレベルアップを図っている。石炭ガス化複合発電（IGCC）についても国産化に向け既に実証を行っている。その技術レベルは、日本の茨城県勿来火力発電所で三菱重工業が東京電力と実証している技術に迫るとされる。

2016年には国務院が、2020年の商用化を前提に5Gのインフラを整備しIoT化を進める「インターネット＋」戦略を提起したが、自国企業が世界的な強みを持ちつつあるITを活用し、先進国に遅れを取っている技術の吸収と、伝統産業の構造転換を図っている。具体的には火力発電

のIoT制御などを進め、先進国に遅れを取ってきた火力発電分野でも国際的な地位の向上を目指している。

　ここまで述べたように、中国は海外の先端技術を導入するに当たり、まずは、巨大市場をアピールして投資を勧誘し、関税の特別措置や税金免除などで導入を促し、商用化が見えてきた段階で環境貢献などの大義を掲げてコスト低減の必要性を訴え、輸入製品の高価格を批判することで関税化を正当化し、国内への工場投資を促し、さらに外国投資規制で海外企業と国内企業の合弁を進めて国内への技術移転を図り、国内企業が技術を開発した段階で再び市場を拡大、開放していく、という連綿たる政策展開を行ってきた。
　その上で、国内市場の開放を謳いつつ、強大な国内企業の海外展開を図り、市場構造を転換して一気にシェアを獲得する、という戦略がここまで成功を収めてきたと言える。アメリカに次ぐ大国となった中国が、今後どのような政策展開を図っていくかを予測するのは容易ではない。

② 起業家がリードした太陽光発電市場

重層的な技術開発・企業育成支援体制

　中国の太陽光発電メーカーが躍進した2000年代は、中国が世界の工場として注目された時代である。1980年代から1990年代前半に鄧小平氏が主導した改革開放経済により香港などで華僑資本による工場建設が進み、1990年代後半からの外資導入政策により、2000年頃にはドイツ、アメリカ、日本などの企業がこぞって中国に工場を建設した。中国は豊富な労働力と低コストを武器に生産力を増強し加速度的に経済成長を遂げ、数多くの工場経営者と資本家が輩出した。

　この時代に、起業家がリスクを取り、中国政府の起業家育成策と連携して立ち上がったのが中国の太陽光発電市場だ。中国政府は、1999年の憲法改正で、国営企業の補完に過ぎなかった民間企業を「社会主義市場経済の重要な構成部分」と位置付け、本格的な起業支援を開始した。

　一般に、中国では共産党中央委員会、国務院が政策を打ち出し、国家レベルの政策を国内各省に浸透させる。各市は省の意向を踏まえ、国営企業を通じて出資や経営にも関与しながら実務を遂行する。その上で、経済政策を実質的に動かす国家発展改革委員会が、省発展改革委員会、市発展改革委員会という地方組織を通じて地方政府の政策実行を支援する。国務院の下にある各部（日本の省庁レベル）は、国家発展改革委員会と協働して政策実行を支援するが、科学技術の振興による企業の発展を推進した中国では、2000年代は科学技術関連官庁が企業育成の中心となった。日本の文部科学省の科学技術政策と経済産業省の産業技術政策に相当する領域を担う国家科学技術部がハイテク産業開発区を推進し、日本の産業技術総合研究所や理化学研究所に相当する国務院直轄の巨大組織である中国科学院が全国に広がる下部組織を通じて企業の科学技術高度化を支援してきた。

戦略的な海外留学派遣と創業支援

　中国政府の政策の下で成長する太陽光発電事業に目を付け、多くの起業家が輩出した。2005年にニューヨーク証券取引所に上場し、再エネ時代の寵児となったサンテックがその典型だ。2000年に1,000kW程度の規模でしかなかった中国市場で、2002年に1万kWの太陽光発電の生産設備を建設し、2003年に1万5千kW、2004年に2万5千kW、と生産投資を繰り返して成長した。太陽光パネルの生産で先行した日本メーカーはパネル生産の全工程を手掛ける垂直一貫体制を採り、ロボットを用いた自動化ラインなども取り入れた。これに対してサンテックは、日本の中古設備を使って太陽光発電セルに焦点を当てた生産と安い人件費で、コスト競争力を徹底的に高めた。

　市場が無いに等しい中国で太陽光発電市場に目を付け、事業を立ち上げることができたのは、太陽光発電の技術を熟知した専門家がいたからだ。サンテックの創業者シ・ジェンロン氏は、太陽光発電を専門とする電気系の博士号を持つ技術者である。当時の中国では、太陽光発電を理解し、事業を推進する企業家が見当たらなかったため、自ら起業した。

　シ・ジェンロン氏のような技術者が生まれたのは、中国政府が改革開放経済を支えるために国家派遣留学（国家公派出国留学）政策を推進したからである。日本では1990年代から2000年代にかけて経済停滞が続き、企業や家庭が留学生を絞ったが、中国は2000年頃までに20万人を超える海外留学生を送り出し、博士課程取得支援プログラム（国家建設高水平大学公派研究生項目）で高水準の技術力を持つ専門家を育成した（図表4-2-1）。厳しい選抜の下、専門性と語学力を兼ね備えた留学生たちは世界のトップクラスの大学へと散らばっていった。この海外留学生の1人がオーストラリアのニューサウスウェールズ大学の太陽光発電の大家でノーベル賞候補者のマイケル・グリーン教授に師事し、1991年に博士号を取得したシ・ジェンロン氏である。

2 起業家がリードした太陽光発電市場

図表 4-2-1　中国の改革開放以降の主な留学生派遣制度

年	主な政策・出来事
1978	鄧小平が談話の中で「留学生を増やすことに賛成する。数万人単位で派遣すべきだ」と発言。教育部が「選抜派遣留学生の拡大に関する報告」を作成。
1979	鄧小平がアメリカを訪問し、米中間の留学生に関する口頭合意を正式に締結。教育部が「出国留学者の業務の改善に関する指示請求報告」を作成。
1980	教育部など5部門が共同で出国留学者管理業務会議を開催し、「出国留学者管理教育条例」を制定。
1981	国務院が、教育部、外交部など7部門に対し、「私費出国留学に関する指示請求」および「私費出国留学に関する暫定規定」を通達。TOEFLが中国に導入される。
1982	「私費出国留学の規定」を制定（1981年規定は同時廃止）。
1983	教育部など4部門が「卒業留学生の職場配属派遣暫定方法」を制定。
1984	国務院が「私費出国留学の暫定規定」を制定（1982年の規定は同時廃止）。
1985	「私費出国留学資格審査制度」を撤廃。
1986	国務院が「国家教育委員会の出国留学人員活動に関する若干の暫定規定」を公布。
1987	海外留学生向け総合雑誌「神州学人」創刊。
1989	留学帰国者支援のための「中国留学サービスセンター（教育部所属）」設立。
1992	国務院が「在留留学者問題に関する通知」を発表。
1993	中国共産党の第14回中央委員会第3回全体会議（三中全会）の公的文書にて「支持留学、鼓励帰国、去来自由」とする方針が示される。「私費出国留学に関する政策及び実施細則」を発表。
1999	教育部、公安部、国家工商局が共同で「私費出国留学仲介サービス管理規程」を制定、公布。
2000	人事部が「ハイレベルな留学者の帰国奨励に関する意見」を発表。
2001	人事部、教育部、科学技術部、公安部、財政部が共同で「海外留学者の多様な方法による国への奉仕を奨励することに関する若干意見」を発表。「百人計画」を発表。
2002	私費留学生の学費償還義務が撤廃。「留学帰国者科学研究始動基金」「百千万人材プロジェクト」「国家傑出青年科学基金」発表。
2003	教育部が「大専（短大）以上の学歴者の私費出国留学審査認可手続きの簡略化に関する通知」を発表。
2004	教育部が「国家優秀私費留学生奨学金」を設立。
2007	教育部が「海外の優秀な留学人材の就職招致をさらに強化することに対する若干意見」を公布。「春暉計画」「海外留学人材学術休暇帰国業務プロジェクト」を発表。
2008	「千人計画」を発表。

（出所：自治体国際化協会「中国の教育制度と留学事情」）

第4章　市場を席巻した中国のエネルギー・産業政策

中国へ帰還する留学生

　2000年前後から中国経済が急成長し、中国国内で成長資金が生まれたが、国内の技術的な蓄積は不十分だった。そこで、中国政府は国の発展に貢献させるために、技術や経営ノウハウを取得した留学人材を呼び戻す政策（中国に戻る留学生を、産卵のために陸に戻る海亀に例えて海亀政策と呼ばれる）を実施した。当時の中国に比べて豊かだった先進国での暮らしを満喫していた留学生だが、自らが培った技術やノウハウと中国の資金力、成長性により、大きなビジネスチャンスがあると考えて帰国を前向きに捉えるようになり、彼等の帰国と創業が加速した。

　2000年には既に国家科学技術部、教育部、人事部が主導して海外にいる中国人材の帰国と起業を奨励する「留学人員創業園」というインキュベーター施設を設立する制度が作られていた。地方政府も起業支援を行った。サンテックは、「国際先進製造基地」の整備を目指していた無錫市の支援により、半導体、液晶分野の企業を中心とする「無錫ハイテク産業開発区」に本社を構えた。無錫市は経営ノウハウが不足していたシ・ジェンロン氏を支援するため、無錫市政府経済委員会の元代表を会長とする経営体制を作った。資金的にも、無錫市のベンチャーキャピタルの信託投資会社を通じて出資、市内の国営企業にも出資を促した。

　太陽光発電市場の立ち上がりが見えてくると、技術系以外の人材も太陽光事業に参画し、多くの企業が立ち上がった。太陽光発電パネルの事業が、技術的な知見や工場生産ノウハウさえあれば立ち上げられたことも起業が増えた理由だ。2000年代には、欧州、台湾、日本のアルバックなどの太陽光発電製造装置メーカーが生産設備を供給し始めたため、ある程度の技術的な知見があれば太陽光発電パネルの製造が可能になっていたのだ。

　北京大学経営大学院出身のミャオ・リャンシェン氏は1998年にインリーソーラーを立ち上げ、チン・バオファン氏は食料・農業分野での起

業に関わった後に1996年にJAソーラーを設立するなど、サンテックに先駆けて太陽光発電事業が立ち上がっていたが、サンテックが成長すると後を追うように事業を拡大した。また、南京大学と吉林大学で化学分野の学士と修士を獲得し、化学工場経営に関わっていたガオ・ジファン氏が2005年にトリナソーラー、上海財政経済大学の経営学修士のチェン・カンピン氏が2006年にジンコソーラーを立ち上げる、など後に世界市場で活躍する企業が続々と生まれた。

中国では、清華大学を筆頭に、レベルの高い技術系大学が各地にあり、海外の研究者と積極的に交流していた。これらの大学は国内で技術者の養成に努めるのと並行して、日本を含めた先進国と技術交流を行い進んだ技術を取り込んでいった。当初中国製品の太陽光発電パネルは品質が問題となり、変色して発電しない太陽光発電パネルの様子が報道されたりしたが、各企業は研究開発に力を入れ、大学でも2010年に中山大学に太陽光発電の品質に関わる研究所が設立されるなどして、品質問題は短期間で改善された。

太陽光発電分野で見られるのは、国家レベルの留学生創業政策が起点となり、地方政府が実務的に支援することで、多くの起業家と生み出す中国の産業政策モデルである。

海外展開で先行した太陽光発電

第1章で述べたように、中国メーカーは、2004年にドイツで本格的に立ち上がったFIT市場で成長した。海外市場で勝負するため、中国メーカーは既存技術を採用することで技術面でのリスクを下げる一方、規模の経済を追求するために投資リスクを取った。サンテックの本社がある無錫市では、サンテックで生産ノウハウを学んだ人材による製造受託会社が次々と生まれ、生産能力が一気に拡大した。太陽光発電は単結晶、多結晶のシリコン以外に、薄膜シリコン、カドミウムテルル、CGS、有機化合物と様々な技術様式がある。2000年代半ば、日本ではどの技術

の太陽光発電の効率が高いか、本命は何かなど技術偏重の議論が行われていたが、中国メーカーは単結晶シリコンや多結晶シリコンに焦点を絞り生産コストを下げることを徹底した。サンテックはリスクを取って結晶シリコン調達の長期契約を結び、2000年から2007年にシリコン価格が一貫して上昇する中で競争力を発揮した。

この時期の中国メーカーは、自国市場に頼れず海外に目を向けざるを得ない事業環境の中で緊張感を養い、資源価格、技術動向、CO_2削減政策などを敏感に捉えて、グローバルな事業機会を見逃さない強さを身に着けた。ただし、その背景には中国政府の走出去政策と呼ばれる中国メーカーの海外活動への支援政策がある。走出去政策は、2000年代後半から大きな問題になった貿易摩擦を緩和させると共に、中国企業の対外直接投資を奨励することで、中国企業の国際競争力を高め、結果として先進技術や資源を獲得することを目指す政策である。こうした政策支援の下、サンテックは日本の太陽光発電の組み立てメーカーMSKを買収している。

海外展開と国内市場の両輪で成長

世界の工場となった中国企業の転機となったのが2008年9月に起こったリーマンショックだ。GDP成長率が10%を超えていた中国経済の急降下とそれに伴う巨大な雇用消失を回避するため、中国政府は大規模な財政出動を行い、内需による成長率の維持を図った。

環境問題の解決という大義のある太陽光発電については、60万kW規模の導入を目処に発電設備に50〜70%の補助金を供給する「金太陽プロジェクト」を立ち上げた。さらに、2011年には国家発展改革委員会が「太陽光発電の買取価格に関する通知」を出しFITが導入された。中国の太陽光発電市場は、2008年から2013年までの5年間で、累積導入量が19万kWから1,774万kWと約90倍に膨らんだ。大規模な財政出動は、欧州市場での投資急減による中国メーカーの販売減を下支えするに

留まらず、国内市場の拡大による、中国メーカーの国際競争力強化につながった。中国メーカーは国内の大量生産で一層の低コスト化を進め、他国メーカーが追随できないコスト競争力を手にしたのである。国内市場が基盤となった中国メーカーは、政府の技術開発支援を得て、技術開発体制を再構築することもできた。

　中国と同様巨大な国内市場を持つアメリカは、民間主導の理念の下、政府が企業の成長をコントロールしようという考えはない。これに対して、中国は企業の育成に焦点を当てた。それを世界最大の市場を背景に政策を展開するのだから、他国企業が対抗するのは容易なことではない。海外からの批判もあろうが、アメリカがパリ協定からの離脱を表明する中で国際的な評価を高めた中国政府は、地球温暖化問題解決への貢献を根拠に、国内市場の強化を続けるだろう。

　一方、2018年に入り、中国政府はFITの買取価格を下げる方針を打ち出した。中国メーカーが世界のトップを独占するようになり、これ以上太陽光発電メーカーが国内市場で利益を上げることを支援する訳にはいかず、リーマンショック以降の政策を見直す運びとなったのだ。

　今後、中国政府の太陽光発電の政策には4つの動きが出てこよう。

　1つ目は、海外生産支援である。トランプ政権は、2018年1月にアメリカ通商法201条にもとづき、結晶シリコン型太陽光発電に対する緊急輸入制限を発動した。今後4年間にわたり高率の関税をかける予定で初年度の関税は30％に達する。実質的に中国製太陽光発電パネルはアメリカ市場から締め出されることになる。こうした事態に対応するため、ジンコソーラーがフロリダ州ジャクソンビルに年間40万kWの生産能力を持つ工場を新設することを表明したように、中国メーカーによる現地工場建設が増えるだろう。トランプ政権の動きを予想するのは難しいが、現地生産は事業規模の維持と迅速な供給のために必須となろう。日本でも自動車産業など競争力のある製造業が経験してきた歴史でもあり、巨大になった中国の企業には避けられない道と言える。

2つ目は、一帯一路にもとづく手つかずの市場の開拓である。太陽光発電設備の価格低下で、今後新興国、途上国市場の立ち上がりが期待できる。パリ協定は太陽光発電の適地が多い発展途上国での再生可能エネルギーの導入拡大を目指しており、太陽光発電産業には新たな成長市場が拓かれることになる。

例えば、一帯一路の政策の対象となる中央アジアの国々はターゲットの1つである。中国は一帯一路のもと、国際協力の形態をとりながら、太陽光発電の開発を進めている。カザフスタンでは、2018年4月にジンコソーラーが政府機関と太陽光発電所を建設する覚書を結んだ。同じくカザフスタンで、2018年6月に東方日昇太陽能（ライセン・エネルギー）は、中国が2016年に加盟し資金供給を行う欧州復興開発銀行から資金供給を受け4万kWの太陽光発電所を建設することを公表した。中国政府は、同じような海外市場開拓を積極的に進めさせるだろう。国の補助を受けての競争は不公平との声がアメリカなどから上がるが、欧米とは違う価値観を持つ新興国・途上国市場で勝負を仕掛ける中国メーカーの動きを止めることにはなるまい。

3つ目は、さらなる拡大に向けた業界再編の誘導である。中国メーカー同士でしのぎを削り、中国国内市場が一時的に縮小する中で、太陽光発電事業者の淘汰は進まざるを得ない。業界再編は中国政府が関与した大きな動きになる可能性もある。過去には世界のトップに立ったサンテックが、太陽光発電需要の急減に対応できず、生産設備の増強が資金繰りを悪化させ破たんの憂き目にあった。今後は、淘汰される企業が中国メーカーに吸収される業界再編も出てこよう。こうした流れは、規模の追求とあいまって一層強大な企業が生まれることを後押するので、中国政府は問題視しないはずだ。

4つ目は、新技術の開発支援である。これまで生産力で世界を席巻してきた中国メーカーだが、この10年間で研究開発投資も進んだ。シリコンウェハ製造会社から業容を拡大し、単結晶シリコンの世界最高効率

を達成した隆基緑能科技（ロンギ）が急成長しているように、技術開発に強みを持つ企業が競争力を持ち始めている。中国政府は市場拡大から研究開発に予算をシフトしていく可能性がある。

先行組は分厚い企業群の氷山の一角

　中国の太陽光発電産業で起こった、起業家と政策が企業努力と政策支援を織り交ぜ、世界的に競争力のある企業群を形成する、というアプローチは世界中のどこの国でも見ることはできない。しかし、それが官民が一体となった中国の特殊性、とだけ捉えるのではなく、膨大な数の企業が生まれ、分厚い企業群の中で激しい競争を勝ち抜いた企業が競争力を持ちトップに立った、という中国国内市場の強烈な競争環境の効果を理解しなくてはいけない。長期的に世界の太陽光発電市場が拡大する中で、現状トップグループに入っていない中国メーカーが躍進する可能性もある。2017年には、単結晶シリコン太陽光発電の世界最高効率を達成したロンギや中央アジアでの事業を拡大するライセン・エネルギーが世界ランキングで欄外からトップ10入りし、2013年に世界トップであったインリーソーラーが2017年には10位に順位を落としたように、中国の産業界は依然として激しい新陳代謝を繰り返している。

　太陽光発電では画期的な技術革新が起こり、無名の企業が注目される可能性もある。中国工業情報部は、2020年までに太陽光発電産業に自動化技術を持ち込み、生産プロセスを革新することを計画している。中国の太陽光発電産業は10兆円産業となり、中国経済に欠かせない存在となっており政府と企業が一体となって、さらなる発展を目指す構造は変わりようがない。

　太陽光発電産業で確立された産業発展の枠組みは、EV産業で一層進化している。EV本体だけでなく、資源獲得を含む原材料、蓄電池、EV、リサイクルという総合パッケージの形で産業形成が進んでいるからだ。中国は独自の産業形成モデルを手にし、次の産業育成に向う。

3

政策と起業家のマッチングによる新たな成長

経済大国になっても変わらない国主導の産業政策

　中国は2008年にドイツ、2010年に日本を追い越し、GDP世界第二位の経済大国となった。（図表4-3-1）2011年には、第12次5か年計画で、省エネ・環境保護、次世代情報技術、バイオテクノロジー、新エネルギー、新素材、新エネルギー自動車、の7分野を「戦略的新興産業」に指定し、知的電力ネットワーク、新エネルギー自動車、ビッグデータ、AI分野の産業を戦略的に育成する方針を立てた。

　中国は2030年頃にGDPでアメリカを上回り、世界最大の経済大国になる可能性があるとされる。かつての日本もそうだったが、製造業を強化して経済成長した国は、第二次産業から第三次産業へ産業の重点を移し、金融業や国際金融市場への関心を高めたり、内需拡大によるサービ

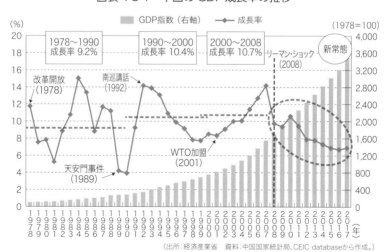

図表4-3-1　中国のGDP成長率の推移

（出所：経済産業省　資料：中国国家統計局、CEIC databaseから作成。）

図表 4-3-2　中国製造2025における主要製品の国産化率と国産製品比率（国際シェア）の目標

重点分野※1	ICT産業					高級NC工作機器とロボット		航空・宇宙用機器			海洋土木設備およびハイテク船舶		先進型軌道系交通設備
重点品目	ICおよび専用機器※2	モバイル通信システム・端末	高性能コンピュータ・サーバー	OS、産業用ソフトウェア(スマート工業用途)	スマート製造	ハイエンドエ作機器	ロボット	航空機	航空機器搭載システム	宇宙機器(宇宙空間情報応用)	ハイテク船舶設備	ハイテク船舶システム	先進型軌道系交通設備
国産比率目標 2020年	49%	75%	60%>	30%>(40%>)	40%>	70%>	50%	5%>	—	60%>	40%	60%	—
国産比率目標 2025年	75%(※3)	80%>	80%>	50%>(60%>)	60%	80%>	70%	10%>	30%	80%>	50%	80%	—

重点分野※1	省エネと新エネ自動車					電力機器		農業設備	新材料		バイオ医薬品および高性能医療機器	
重点品目	省エネ自動車	新エネ自動車	車載電池・モーター	自動車IoT化製品	運転補助、部分自動運転用製品	発電機器	送変電機器	農業設備	先進基礎材料	基幹戦略材料	ミドルレンジ・ハイエンド医療機器	高性能医療機器中核部品
国産製品比率目標 2020年	40%	70%>	80%	50%	40%>	90%	80%>	90%>	—	70%>	50%	60%
国産製品比率目標 2025年	50%	80%>	—	60%	50%>	—	90%>	95%>	90%>	80%>	70%	80%

備考：1. 重点分野によって、「おおむね自給を実現する」等の定性目標や輸出比率目標や技術水準目標、企業ランキング目標が記載の事例もある
　　　2. 現地生産比率
　　　3. この数値のみ2030年の目標
資料：製造強国建設戦略諮問委員会「"中国製造2025"重点領域技術路線図」より作成

（出所：経済産業省）

ス業の充実に努めるなど、製造業への国の関与を控える傾向にある。

しかし、中国政府はこれだけの成長を遂げた後も、製造業強化の方針を変えていない。2015年から始まった第13次5か年計画に合わせて策定された「中国製造2025」では、2025年に、規模だけでなく高度な先端科学技術を持つ「製造強国」の一員となり、2035年に「製造強国」の中位に入り、建国100周年の2049年までに「製造強国」の上位に入る、という目標を掲げている。「中国製造2025」は、国務院と工業情報化部が製造強国戦略研究を行い、工業情報化部が国家発展改革委員会、科学技術部などと協働して策定した、中国政府の総力を挙げた戦略だ。

具体的には、「国家技術イノベーションセンター」の建設、先端技術設備のイノベーション、工業基礎能力の強化、環境配慮型の「グリーン製造」、IoTやAIを活用して高度化した「スマート製造」という5つの

プロジェクトにより技術のイノベーションと製造業のスマート化を進める。国家技術イノベーションセンターでは、ビッグデータ、AIなどの技術革新分野、高速鉄道、モバイル通信、知能電力ネットワーク、石炭のクリーン・高効率利用、天然ガスの探査と開発などのインフラ分野、航空エンジン、ガスタービン、原子力発電といった国家安全保障に関わる分野のプロジェクトを推進する方針である（図表4-3-2）。

中国政府は、世界の工場として規模は最大になったが、3つの理由で、先進国に比べると技術の質が十分でないとの認識を持っている。

1つ目は、中国の1人当たりのGDPは8,500ドル程度で、40,000ドル弱の日本、60,000ドルのアメリカと比べていまだ大きな差があることだ。国民全体の生活の質を上げるには経済の底上げが必要で、多くの雇用を生む製造業の発展が不可欠と認識している。

2つ目は、中国が世界の中心産業である自動車産業でトップ企業を生み出せていないことである。中国の自動車産業は大きくなったが海外企業との合弁が中心で、世界市場では、トヨタ、日産、ホンダなどの日本メーカー、GM、フォードなどのアメリカメーカー、ダイムラー、BMW、フォルクスワーゲンなどのドイツメーカーがトップ層に君臨する。電機メーカーでもハイアールのように汎用家電製品の市場でトップになった企業はあるが、半導体を使う先端的な製品分野では、サムソン、LGなどの韓国企業、パナソニック、ソニーなどの日本企業が幅を利かせ、中国メーカーの競争力は高くない。航空機産業ではさらに遅れが目立ち、組立はできても、エンジンなどの主要部分は海外製品に依存している。

3つ目は、製造業はサービス産業への発展の前段階ではなく、次世代産業の基盤になっているという認識である。世界中で、製造技術がITと融合し、AI/IoTを活用した製造業が高度化し、新しい生産方式、ビジネスモデル、産業形態が生まれ始めている。これまでのようにコスト競争力をつけるために規模を拡大するだけでなく、スマート化に対応し

た製造業を育てることが必要になっている。産業のサービス化が進んだアメリカですら製造業の強化を考える時代になっている。

つまり、中国は「世界の工場」からAI/IoTを活用した次世代の「製造強国」になることを目指しているのである。

太陽光とITで見せた中国起業家の実力

サンテックがニューヨーク証券取引所に上場した2005年に、ハイテク新興企業向けのナスダック証券取引所に上場したのが、2000年創業の中国の検索エンジン百度（バイドゥ）である。バイドゥ創業者のリ・ヤンホン氏は、山西省出身で北京大学情報管理学科を卒業し、ニューヨーク州立大学でコンピューターサイエンスの修士を取得した人物である。インフォシークで検索エンジンの開発を担当するなど、シリコンバレーの技術者として成功し、豊かな暮らしを送っていたリ・ヤンホン氏が北京に帰国して起業したのは、同じく中国からの留学生だった妻の後押しがあったからとされる。他にも搜狐（ソフ・ドットコム）の創業者ジャン・チャオヤン氏は、清華大学物理学部を卒業し、マサチューセッツ工科大学に留学した後、1996年にポータルサイト企業を立ち上げ、2000年にナスダック上場を果たした。このように、1990年代の国費留学生の多くが、2000年に入って成長する祖国に貢献することを意識するよになったと考えられる。

このような帰国留学生の起業家を、科学技術部、教育部、人事部といった国務院の下部組織が帰国留学生を支援する「留学生創業園区」を各地に創設するなどして支援したのである。彼らは、新エネルギーやITなどの海外の先端技術を中国にもたらし、中国国内だけでは立ち上げられない技術系企業を生み出し、海外の市場や資金を活用しながら、成長していった。

2000年代後半になると、帰国留学生の活躍に刺激を受けた多くの後発組が次々に産業を牽引するようになった。アリババやテンセントは中

国国内の人材が中心にして立ち上がり、帰国留学生の企業を上回る成長を遂げた。BATと呼ばれるバイドゥ、アリババ、テンセントの3社を含めたトップ50の中国IT企業は、いずれも政府が開発した深圳の深圳湾創業広場に集積しているとされる。特に、本社を置くテンセントは実験施設を始めとする集中的な投資を受けて成功した。強大になったIT企業も技術、人材、市場などの成長の過程を俯瞰すると、中国政府のふ化器の中で成長した面があるのだ。

世界で最も厚いグローバル教育を受けたインテリ層

　中国政府は、これまでの太陽光やITの起業の実績を受け継ぎ、知的電力ネットワーク、新エネルギー自動車、ビッグデータ、AIなどの次世代産業を強化しようとしている。そのために使われるのが、太陽光発電とIT産業が発展する過程で蓄積された、戦略的な起業家育成のための政策パッケージだ。

　中国の海外留学生の数は2017年には年間60万人、累計で500万人を超えた。経済成長により富裕層が生まれたことで私費留学生も増えたが、先端科学技術分野の国費留学生も増えている。特に、コンピューターサイエンスに強いスタンフォード大学、マサチューセッツ工科大学、カーネギーメロン大学など先端的なIT技術に強みを持つアメリカの大学への留学生派遣が重視されてきた。

　バイドゥは、2014年に元スタンフォード大学准教授で、グーグルのAIプロジェクトを率いた中国系のアンドリュー・ウン氏をチーフサイエンティストとして迎え入れた。シリコンバレーのAI分野のリーダーの1人が中国企業に引き抜かれたことはシリコンバレーでは大きな話題となった。アンドリュー・ウン氏は2018年に自ら新会社を立ち上げるまで、バイドゥのAIプロジェクトを牽引し、アンドリュー・ウン氏と仕事をしたい技術者をバイドゥに引き寄せバイドゥの技術力の底上げに貢献した。アンドリュー・ウン氏自身は留学生ではないが、中国のIT

企業はアメリカに留学しシリコンバレーで働く AI 技術者を大量に採用している。卒業後 AI、ブロックチェーンなどの先端分野で働いていた元留学生が、シリコンバレー以上とも言われる中国企業からの高額報酬

図表 4-3-3　AI 研究で著名な大学ランキングと主な中華系 AI 研究者

順位	大学	国	学者数	論文数
1	カーネギーメロン大学	アメリカ	111	638
2	カリフォルニア大学バークレー校	アメリカ	48	285.1
3	ワシントン大学	アメリカ	45	262.5
4	マサチューセッツ工科大学	アメリカ	48	235.2
5	スタンフォード大学	アメリカ	40	226.9
6	コーネル大学	アメリカ	46	212.8
7	ジョージア工科大学	アメリカ	53	208.5
8	ペンシルベニア大学	アメリカ	29	184.4
9	トロント大学	カナダ	39	164.1
10	イリノイ大学アーバナシャンペーン校	アメリカ	44	161.6
11	南カリフォルニア大学	アメリカ	32	161.3
12	北京大学	中国	69	154.9
13	エジンバラ大学	イギリス	47	151.2
14	東京大学	日本	40	145.2
15	ミシガン大学	アメリカ	32	135.2
16	清華大学	中国	45	132.1
17	香港科学技術大学	中国	29	126.1
18	マサチューセッツ大学アマースト	アメリカ	36	122.4
19	メリーランド大学	アメリカ	26	112.6
20	シンガポール国立大学	シンガポール	33	102.3

(出所：テンセント研究院［2017］データを基に筆者作成)

にひかれて帰国し、中国企業で働く、あるいは起業を果す、という事例が多くなっている。中国のシリコンバレーと呼ばれる深圳は、アメリカを始めとする先進国で学んだ10万人近いと言われる帰国留学生の受け皿となっている。

　一方、国内の教育研究環境をグローバル化する政府主導の取組みも進んでいる。具体的には、国籍を問わず、海外の著名な高等教育機関、研究機関の教授、グローバル企業でマネジメントを経験した人材、海外での起業経験のある特定のコア技術に専門性のある人材を、中国の教育研究機関や企業に招き、起業のための教育環境を作る「千人計画」を進めている。2008年に始まった同制度は、2011年には「青年千人計画」として若手研究者を中心とした招へいにも広げられた。アメリカでは、「千人計画」により有力大学に在籍する中国人教授が好条件で中国の大学に呼び戻され、アメリカの有力大学の情報が盗み出されている、との指摘も出ている。研究者が持つ知識、頭脳、指導力が流出することはアメリカにとって看過できない損失であり、今後対策を求める声が強まることになろう。

　グローバルな研究環境の基盤となる英語教育も計画的に行われている。2008年の北京オリンピック開催が決定した2001年には、グローバル化時代への対応を目的に、小学校3年生から英語教育が必修とされた。北京、天津など主要都市では、3～4才から英語を学ぶ環境が整い、小学校では1年生から英語教育が必修化されている。近年、日本国内でも中国出身の親が増え、子供に数学や国語を習わせたり、理数系科目を徹底的に勉強させるなど、教育熱心さを目の当たりにする機会が増えた。こうした教育熱心な国民性を国が後押ししているのである。

　現在の中国では、海外留学生の派遣と技術の持ち帰りという単純な構図ではなく、急速に発展した国内の教育研究環境や職場環境と相まって、海外留学と国内の環境整備が円滑につながり、他国では考えられないほどのグローバルな教育研究環境が作り出されている。グローバル

図表 4-3-4　ウン、リー両氏の主な経歴

名前	主な経歴
アンドリュー・ウン	・カリフォルニア大学バークレー校で博士取得 ・スタンフォード大学准教授 ・グーグルのディープラーニングプロジェクト（グーグル・ブレイン）設立 ・バイドゥのチーフ・サイエンティスト
フェイ・フェイ・リー	・カリフォルニア工科大学で博士号取得 ・スタンフォード大学准教授 ・グーグル・クラウド・プラットフォームのチーフ・サイエンティスト

(出所：各種資料より作成)

市場に通用する人材育成は今後ますます高度化するだろう。

アメリカで先端科学技術やベンチャーのノウハウを知り尽くした人材が中国に帰国し、技術やノウハウを中国国内に取り込む流れができているのは事実であり、アメリカ政府が技術流出を懸念するのももっともな面もある。

一方で、アメリカが中国の頭脳に依存しているという現実もある。最近では、アメリカのAI研究者の5割近くが中華系とされる。例えば、スタンフォード大学出身でグーグル・クラウドAIのチーフサイエンティストを務め、トヨタの自動運転にも助言している、フェイ・フェイ・リー氏は中国四川省出身である（図表4-3-4）。フェイ・フェイ・リー氏はグーグル退社後、スタンフォード大学教授に戻ったが、中国企業に移籍することになればシリコンバレーに衝撃が走るだろう。もはや中国人なしにシリコンバレーは成り立たないと言ってもいい。中国ではIT産業の急成長で人材不足が続いている。トランプ政権のビザ発給制限は、むしろ中国人留学生の大量帰国、中国での大量起業につながり、中国のIT産業を強化する可能性すらある。

政策と企業の連携による他国にない成長モデル

　太陽光発電やIT分野での中国の成功は、研究者や技術者が、市場の成長機会をいち早くかぎつけ、リスクを取る、という中国の伝統的な商人文化によるところも大きい。それに、海外の技術獲得のために留学生を送り出し、呼び戻すという政策が重なり国内市場の創出と海外展開につながった。

　次世代自動車は、現在中国政府が最も注力する分野である。蓄電池事業で成功したCATLの創業者ロビン・チェン氏は、留学する代わりに日本企業TDKの傘下で働くことでノウハウを身に着けた。中国政府は、蓄電池の補助金を出す際に、適切な運営管理ができている地元企業を対象とするという方針を示した上で、対象企業リストを作成し、実質的に中国メーカーにしか補助金が拠出されない枠組みを作り、中国メーカーの成長へ確実につなげた。

　こうして、留学生を先進諸国に派遣し技術を身に着けさせ、起業を支援し、補助金で資金支援し、大量の企業を生み出して競争環境を作り、巨大な国内市場を背景に成長を加速させる、という必勝のサイクルが創り上げられた。2011年に「戦略的新興産業」に指定して世界一の産業に発展させた太陽光発電、アメリカが脅威に感じるほどの力を着けたIT産業の成長の経緯は中国政府にとって強烈な成功体験である。今後も、EV、自動運転などの注力分野で、政策と企業が連携した必勝パターンは中国企業の世界ランキングを押し上げていくことになるだろう。

第5章
エネルギー市場の未来構図

国力を左右したエネルギーの歴史

避け得ない、エネルギー市場の全分野で中国が世界をリードする近未来

　中国は巨大な国内市場を背景に、風力発電、太陽光発電、蓄電池でトップメーカーを生み出した。火力発電や原子力発電では技術の国産化を進め、蒸気タービンでは世界のトップメーカーが輩出した。中国にとって長年の懸案だったガスタービンも、国務院が主導、国家科学院が企画、重電メーカーが参画という国を挙げての体制で国産化も時間の問題だろう。

　ガスタービンの国産化が成功した場合、これまでの経験から、中国の重電メーカーが国内市場で販売量を拡大し、大幅に生産コストを低減させる可能性が高い。天然ガス火力市場でも中国メーカーがトップシェアを握る日がやってくるかもしれない。

エネルギー資源市場でも影響力を拡大する中国

　中国は世界最大の石炭生産国だが、原料炭を含めると世界最大の輸入国でもある（図表5-1-1）。発電用の一般炭に限定すれば、現状ではインド、日本などをわずかに下回るが、豊富な石炭生産量を誇りながら、巨大な産業需要とエネルギー消費により発電用一般炭すら世界最大の輸入国になろうとしている。LNG調達でも中国の存在感は増しており、2017年には韓国を抜き日本に次いで世界第2位の輸入国になった（図表5-1-2）。中央アジアからの天然ガスパイプラインを通じたガスの調達も拡大しており、天然ガスの輸入量全体でも2018年に世界最大となる。

　こうした調達環境に合わせて、国務院は、2017年8月、国営の5大発電会社の1つ中国国電集団と国営石炭大手の神華集団を合併させ、石炭火力の調達から発電までの一貫体制を構築した。競争性を高めるために国営発電会社を5社に分割したにも関わらず、再び巨大化を目指すの

1 国力を左右したエネルギーの歴史

図表 5-1-1 主要国の石炭輸入量の推移

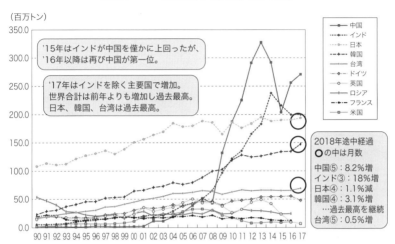

(出所：IEA, "Coal Information 2017", 2017年、18年はTEX Report、当該貿易統計)
(出所：独立行政法人石油天然ガス・金属鉱物資源機構(JOGMEC))

図表 5-1-2 アジアのLNG輸入の推移

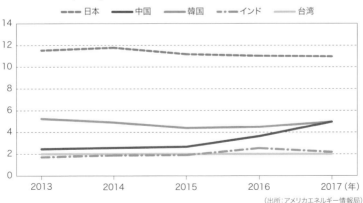

(出所：アメリカエネルギー情報局)

図表 5-1-3　国務院が監督管理する中央企業

番号	企業（集団）名	番号	企業（集団）名
1	中国核工業集団公司 ｝統合	57	中国中煤能源集団公司
2	中国核工業建設集団公司	58	中国煤炭科工集団有限公司
3	中国航天科技集団公司	59	機械科学研究総院
4	中国航天科工集団公司	60	中国中鋼集団公司
5	中国航空工業集団公司	61	中国冶金科工集団有限公司
6	中国船舶工業集団公司	62	中国鋼研科技集団公司
7	中国船舶重工集団公司	63	中国化工集団公司
8	中国兵器工業集団公司	64	中国化学工程集団公司
9	中国兵器装備集団公司	65	中国軽工業集団公司
10	中国電子科技集団公司	66	中国工芸（集団）公司
11	中国石油天然気集団公司	67	中国塩業総公司
12	中国石油化工集団公司	68	中国恒天集団公司
13	中国海洋石油総公司	69	中国中材集団公司
14	国家電網公司	70	中国建築材料集団有限公司
15	中国南方電網有限責任公司	71	中国有色礦業集団有限公司
16	中国華能集団公司	72	北京有色金属研究総院
17	中国大唐集団公司	73	北京礦冶研究総院
18	中国華電集団公司	74	中国国際技術智力合作公司
19	中国国電集団公司　※	75	中国建築科学研究院
20	中国電力投資集団公司	76	中国北方機車車輛工業集団公司
21	中国長江三峡集団公司	77	中国南車集団公司
22	神華集団有限責任公司　※統合	78	中国鉄路通信信号集団公司
23	中国電信集団公司	79	中国鉄路工程総公司
24	中国聯合網絡通信集団有限公司	80	中国鉄道建築総司
25	中国移動通信集団公司	81	中国交通建設集団有限公司
26	中国電子信息産業集団有限公司	82	中国普天信息産業集団公司
27	中国第一汽車集団公司	83	電信科学技術研究院
28	東風汽車公司	84	中国農業発展集団総公司
29	中国第一重型機械集団公司	85	中国中紡集団公司
30	中国機械工業集団有限公司	86	中国外運長航集団有限司
31	哈爾濱電気集団公司	87	中国中絲集団公司
32	中国東方電気集団有限公司	88	中国林業集団公司
33	鞍鋼集団公司	89	中国医薬集団公司
34	宝鋼集団有限公司 ｝統合	90	中国国旅集団有限公司
35	武漢鋼鉄（集団）公司	91	中国保利集団公司
36	中国鋁業公司	92	珠海振戎公司
37	中国遠洋運輸（集団）総公司	93	中国建築設計研究院
38	中国海運（集団）総公司	94	中国冶金地質総局
39	中国航空集団公司	95	中国煤炭地質総局
40	中国東方航空集団公司	96	新興際華集団有限公司
41	中国南方航空集団公司	97	中国民航信息集団公司
42	中国中化集団公司	98	中国航空油料集団公司
43	中糧集団有限公司	99	中国航空器材集団公司
44	中国五礦集団公司	100	中国電力建設集団有限公司
45	中国通用技術（集団）控股有限責任公司	101	中国能源建設集団有限公司
46	中国建築工程総公司	102	中国黄金集団公司
47	中国儲備糧管理総公司	103	中国儲備棉管理総公司
48	国家開発投資公司	104	中国広核集団有限公司
49	招商局集団有限公司	105	中国華録集団有限公司
50	華潤（集団）有限公司	106	上海貝爾股份有限公司
51	中国港中旅集団公司	107	武漢郵電科学研究院
52	国家核電技術有限公司	108	華僑城集団公司
53	中国商用飛機有限責任公司	109	南光（集団）有限公司
54	中国節能環保集団公司	110	中国西電集団公司
55	中国国際工程咨詢公司	111	中国鉄路物資（集団）総公司
56	中国誠通控股集団有限公司	112	中国国新控股有限責任公司

（出所：一般財団法人石油エネルギー技術センター）

は、国際的な調達力を拡大するためだ。石油・天然ガス分野では、中国石油天然ガス集団（CNPC）、中国石油化工（SINOPEC）、中国海洋石油（CNOOC）の3社に権限を集約させており、3社の国際的な価格交渉力は圧倒的である。習近平政権発足時には、圧倒的な力を弱めるための改革を実行するとも言われたが、腐敗追放を目的とした組織改革が一段落し調達力強化に舵を切り直したとも考えられる。ガスタービンの国産化が完了し天然ガス火力の大量導入の体制が整った場合、天然ガスの調達力強化のための統合再編に走る可能性もある。

　国務院の国有資産監督管理委員会は、エネルギー・通信・鉄道などのインフラを所管する国営の「中央企業」100社程度を国の政策を担うものとして直接管轄している（図表5-1-3）。今後、中央企業を誘導しながら、国家のエネルギー資源調達力を一層強化することになると考えられる。

　中国政府は石炭火力への依存度を低下させるため、原子力発電の導入拡大の方針を明確にしている。原子力発電燃料となるウランでも、ナミビアなどアフリカでの権益獲得に力を入れ、中核集団（中国核工業集団公司）、広核集団（中国広核集団公司）がカザフスタンやナミビアのウラン権益を獲得するなど攻勢を強めている。原子力分野では、国務院の国有資産監督管理委員会が、中国核電技術と中国電力投資集団を合併させて国家電力投資集団を設立し、中国核工業建設集団を中国核工業集団の傘下に置く、という統合を進めている。国営企業の集約化により国際競争力を高める中国政府の姿勢は原子力分野でも見て取れる。

　中国のエネルギー資源調達政策は、政府首脳によるトップ外交の下、個別の分野を所管する国営企業が経済大国としての影響力を駆使して、アラブ諸国、中南米、アフリカのエネルギー権益を確保するという構造で動いているのである。

次世代エネルギー資源市場でも影響力を拡大する中国

　次世代のエネルギー資源では、多結晶シリコンメーカーのトップ5社のうち2社が中国企業だ（図表5-1-4）。シリコン自体は安価な材料で潜在的な埋蔵量も大きいが、太陽光発電市場の動向に影響され価格が乱高下する。中国太陽光発電メーカーが世界トップに上り詰める過程の2005～2010年頃には、中国の太陽光発電メーカーが長期契約でシリコンを囲い込んだため、シリコン価格が高騰し、適正価格でシリコンを確保ができない日本メーカーが続出した。中国のシリコン調達政策は当時からさらに進化し、シリコンそのものを国内で安定的に製造する体制を

図表5-1-4　多結晶シリコントップメーカー

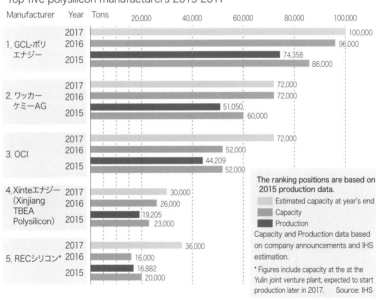

（出所：pv magazine）

整えている。

リチウム、コバルト、マンガン、ニッケルなどの蓄電池材料でも中国の存在感は圧倒的である。希少性の高いコバルトについては、コンゴ、ボツアナなどのアフリカ諸国で権益を拡大している。中国がアフリカの途上国に過剰な融資を行い、見返りとして資源の権益を獲得しているとの批判もあるが、次世代のエネルギー市場での権益拡大を目指す中国の姿勢は揺るがない。背景には蓄電池が中国が力を入れるEVの中核製品という事情もある。伝統的な技術導入政策をもってしても、既存の自動車産業で世界トップクラスに入れなかった中国にとって、EVは「中国製造2025」の本丸といえる。蓄電池は再生可能エネルギーの変動調整でも欠かせない技術であり、ここでの影響力を拡大することは産業革命以来、欧米諸国に後れを取ってきた中国が産業力で世界のトップに上がるための重要な要素なのである。

エネルギーを巡る覇権の歴史

1700年代後半から1800年代前半にかけてイギリスの産業革命を支えたのは石炭であり、1800年代後半から1900年代前半にかけてアメリカの第2次産業革命を支えたのは石油と発電機であった。エネルギーを支配した国は政治、経済両面で強い経済力を誇ってきた。産業革命当時のイギリスは世界の石炭の8～9割を生産し、圧倒的な富を集積した。

アメリカは自国に豊富に埋蔵していた石油で一気に工業力を高め、エネルギー分野で世界の富を支配した。ジョン・ロックフェラー氏が1870年にオハイオ州の油田地帯に設立したスタンダードオイルは、次々と同業他社を買収し、アメリカの石油精製の9割を押さえた。あまりの市場支配力のため、1911年に公正取引委員会から解体を命じられたが、その分割された企業の1つであるスタンダードオイル・オブ・ニュージャージーは、イラク油田の権益をアメリカのシェル（現在はイギリス・オランダのロイヤルダッチシェルの子会社）、イギリスのBPとと

もに押さえ、その後油田が発見されたクウェートやリビアなどの石油権益も押さえ、アラブ諸国を中心とした石油の支配体制を確立した。こうした支配体制を担った国際石油資本はオイルメジャーと呼ばれ、欧米各国に強大な経済力と政治力をもたらした。スタンダードオイルの流れを汲むエクソン・モービルは、テキサス州に本社を置き、レックス・ティラーソン前国務長官が輩出するなど、現在でも高いステータスを持つ世界最大の石油・天然ガス企業として君臨している。また、ロックフェラー家は富裕資産を維持し、その資産を用いて当時世界最大級の金融機関であったチェース・マンハッタン銀行を創業し、ジョン・ロックフェラー氏はアメリカ歴代で一番の富豪と称されるようになった。

　一方、アラブ諸国は1960年にOPECを設立して、1970年代に欧米のオイルメジャーから石油権益を取り戻し、現在に続くアラブ諸国の富の基盤を築いた。これにより国営石油会社サウジアラムコを保有するサウジアラビアはアラブ諸国の中でも突出した力を持ち、欧米諸国にも政治的な影響力を持つようになった。

国際的な発言力を左右するエネルギーの権益

　かつて日本はアメリカ、イギリス、中国、オランダのABCD包囲網により石油の輸入を止められ、アジア諸国の石油の調達に向かい太平洋戦争に突入した。アメリカに次ぐ大国となった中国もいまだ国際的なエネルギー権益で主導権を取れているとは言えない。アメリカが世界経済の覇権を握れたのは、石炭の時代から石油の時代に転換する時期に、自国産石油による工業化を実現したからである。サウジアラビアを始めとするアラブ諸国、ロシアの国際的な発言力は石油・天然ガス資源に依存している。サウジアラビアは石油がなくなれば国の維持さえも危うくなる、との危機意識の下、ビジョン2030という長期計画を策定し、石油の富があるうちに次世代産業を育てようとしている。アメリカはシェールガスの産出以降、エネルギーの世界での発言力が増した。トランプ政

権がOPECに価格低下を強く迫れるのはシェールガスを背景にしているからだ。

エネルギー利用技術についても、GEが蒸気タービン、ガスタービンの技術で世界のトップを維持し、原子力分野でもウェスチングハウスが一時は世界の技術をリードした。エネルギーの権益を産業力、経済力に波及するためには、かつてのアメリカのように自国メーカーのポジションを高めることも重要だ。日本が太陽光発電技術で一時世界一の座にあったにも拘らず、あっという間にその座を奪われたのはエネルギー権益に関する意識が薄かったことも影響しているのではないか。太平洋戦争中、アメリカは日本やドイツに個々の武器の技術で負けた場合でも、敵側技術の分析力や戦略と物量をもって、結果的に日独を圧倒した。世界で圧倒的な工業力を持っていたアメリカだからできた戦略である。

かつてのアメリカに似る中国の現状

現在のエネルギー市場における中国は当時のアメリカに似ている。日米欧の技術を徹底的に分析し、巨大な市場を背景にした生産力で他国製品を駆逐しつつある。広大な国土と市場で世界の技術を集め、自国メーカーに吸収させた上で規模で圧倒する。これが改革開放を進めた鄧小平氏が仕掛け始めた長期戦略だったといえる。

石油・天然ガス・原子力などの従来型エネルギーに対して再生可能エネルギーが有利な地位を占めるようになり、新たなエネルギー市場が形成されつつある。石油・天然ガス資源の乏しい欧州は、地球温暖化対策推進を旗印に再生可能エネルギーへの転換を先導して影響力を取り戻す戦略を採っている。中国は自国内に豊富に存在する石炭資源を使えるようにしながらも、風力発電、太陽光発電市場を押さえ、蓄電池、EVを核に自動車とエネルギーが融合する市場での覇権を狙っている。エネルギーの転換で新たなエネルギーの国際的な権益構造ができようとしているのである。

図表 5-1-5　2018年度第2四半期の太陽光発電設備の国内生産と海外生産の割合

(出所:太陽光発電協会)

　日本では巨大市場を背景にコスト低減を実現した中国メーカーが太陽光発電の市場を制覇しつつある。2018年度第2四半期では太陽光発電設備の海外生産比率は実に77%に上る（図表5-1-5）。日本企業の海外生産も含まれるが、生産地としては中国製が大きな割合を占めると想定される。JAソーラー、インリーソーラーといった世界トップクラスの中国メーカーの製品は日本全国に広がり、日本企業との協働も拡大している。世界最大の車載蓄電池メーカーCATLは2018年5月に日本進出を果たし、開所式にはトヨタ、日産、ホンダの幹部が出席した。今後日本企業との協業が進む可能性もある。火力発電でも同じことが起きる可能性がある。現時点では、MHPS（三菱日立パワーシステムズ）、東芝、あるいはGE製が中心の日本市場だが、上海電気のタービンを使う発電会社が出てくる可能性は否定できないし、日本の原子力発電メーカーの力が落ちれば、中国製でリプレースが行われる時代が来ないとも限らない。あらゆる分野で中国の足音がひたひたと近づいている。

2

中国という国への理解

正確な認識が不可欠な米中二強時代

　ここまで、第1章、第2章、第3章では、従来型エネルギーから再生可能エネルギー、「エネルギー×デジタル」のフロンティアに至るまで、中国が世界の市場を席巻しかねない状況を説明した。そして、第4章では中国のエネルギー産業を躍進させた中国の政策運営の経緯を示した。確かに、海外からの技術導入、中国市場への参入障壁、補助制度からの外国企業の排除、入札条件などの中には、フェアとは言えない経緯もある。こうした経緯を経ることができた背景には、国際的な議論の場で、中国が自らが先進国ではないと主張してきたこともあろう。自他共にアメリカに次ぐと認めるようになった今、これまでのような自国産業中心の政策展開は国際的に許されなくなっている。

　しかし、それを別にしても、自国産業育成のための中国政府の政策運営が、戦略的で、計画的で、時に迅速であったことは間違いない。我々は、中国政府が世界の市場、有力企業、先進技術等の動向を的確に把握するだけの情報収集能力、分析能力、政策立案能力、実行能力を持っていると考えないといけない。それに対して、例えば、法外な買取単価を設定した太陽光のFIT市場が中国企業のグローバル展開に飲み込まれてしまった日本の政策展開は、あまりにも世界市場が見えておらず、無防備であったと言わざるを得ない。

　高い能力を持っているのは政府だけではない。民間企業も技術開発、戦略の立案・実行に関して高い能力を持っている。太陽光発電は、パネルの発電効率に執着していた日本企業を発電事業の収益性に焦点を当てたドイツ企業が抜き去った。しかし、それからまもなく、太陽光発電市場の特性を捉えてグローバル市場に焦点を当てた中国企業が世界市場を席巻した。中国企業が太陽光発電の市場の行方を最も的確に捉え、最も

的確に行動していたことは見事と言うべきだろう。

　日本ではまだまだ、中国企業は価格は安いが性能や信頼性が低い製品を大量に売りまくっている、と考えている人が多い。中国のように広大で巨大な人口を抱える国はあらゆる面で格差が大きい。北京や上海の一流ホテルや一流企業のオフィスと、田舎の小都市や農村では見た目の印象が全く違う。前者は、東京と同じか、場合によってはさらに豪華で洗練されてすらいる。アメリカも同じで、シリコンバレーの中心のパロアルトやニューヨークと、ラストベルトの寂れた町や田舎町では見た目も人々の考え方も全く違う。しかし、日本のメディアでは、中国については日本ではあり得ないような問題点が多く報道され、アメリカについてはカリフォルニアやニューヨークなどの情報ばかりが供給されるから、多くの国民が中国やアメリカの実態だけでなく、世界の中での日本の立ち位置を見誤ることになる。不勉強な人が多いのだろうか、企業の幹部層や政治、行政の中にもこうした情報に翻弄されている人がいる。

中国市場抜きには成長できない日本

　問題はこうした認識の低さが、個々人の価値観や考え方だけでなく、政策や企業戦略にも影響を与えてしまっていることだ。今や、中国は政治経済両面でアメリカに迫る大国となった。政治面でも経済面でも、日本は中国との良好な関係を抜きにはやっていけない。日本では東南アジア市場を中国市場と並列して語るような向きがあるが、東南アジアの一国のGDPは日本の県レベルであり、中国の広東省と同じGDPを持つ国は一つもないのである。中国市場での成功無しに、世界第3位の規模を持つ日本の経済を支えることはできない、という認識を持たなくてはいけない。

　ここ10年くらい、仕事で頻繁に東南アジアに行くが、東南アジアではルック・チャイナの姿勢が鮮明になりつつある。日本の報道では中国の経済進出への警戒感の高まりが報じられているが、民間ベースでは脅

威を感じながらも、中国関連のビジネスをいかに伸ばしていくかを考えている。

 2018年12月、中国最大の民間企業と言われるファーウェイの創業者の娘でもある副会長がカナダで拘束された。イラン制裁政策違反や機密情報漏洩などとの関係が指摘されているが、第三国で他の第三国人を拘束するという手段に出たことには驚かされた。ここに来て、トランプ政権の本当の狙いは中国との貿易不均衡の是正ではなく、先進技術分野における中国の脅威を抑えることにあることが見えつつある。それだけ、アメリカは中国の技術力の脅威を理解している。中国に対する強硬な姿勢は、ドナルド・トランプ政権の特徴ではなく、アメリカのエスタブリッシュメント層に中国に対して脅威を感じ行動に出るべき、と思っている層があることの現れでもある。アメリカ国内で、数多くの中国人が博士号を取得し、シリコンバレーで活躍するのを目の当たりにしているから、中国の技術、ビジネスに関する潜在力の高さを理解しているのだろう。第2次世界大戦でもそうであったように、目の前に脅威が現れた場合のアメリカの状況把握力は迅速で、行動も速い。過去を引きずったナイーブな印象を戦略に持ち込まないことがアメリカという国の強さの源泉だ。

 欧州はアメリカに同調しながらも、経済ベースではしたたかに中国に入り込もうとしている。もしかしたら、日本は世界で最も中国の力を認識していない国なのかもしれない。

 本書では中国がエネルギーのあらゆる市場で非常に強いポジションを手にしつつあることを述べてきた。先述した通り、フェアとは言えない政策運営もあったが、今となっては時計の針を巻き戻すことはできない。そして、中国企業は十分な力をつけた。日本でも太陽光発電事業者の過半が中国メーカーの太陽光発電パネルを使って投資回収をしようとしているし、中国の最新型原子力発電技術「華龍」はイギリスにも受け入れられた。中国企業の技術力が低い、と言える根拠は殆ど無くなって

いる。

板挟みの先進国

　第1章で述べたように、エネルギーは国のリスク管理の重要な要素であるにも拘らず、先進国が自ら墓穴を掘った面もある。例えば、パリ協定が合意され、再生可能エネルギーに追い風が吹くと、世界的なエネルギーセキュリティを議論することもなく、石炭火力をやり玉にあげてしまった。地球温暖化は地球レベルの問題であり、新興国、途上国のエネルギー供給が石炭抜きに成り立つ目途がなく、鉄鋼など産業分野でのエネルギー代替の目途が立たないにも拘らず、CCSやIGCCの可能性を追求することもなく、石炭火力を座礁資産にしようとしている。このまま行けば、先進国で石炭火力発電所を建設できる企業はいなくなる可能性が十分にある。

　原子力発電については東京電力福島第一原子力発電所の事故という不幸な出来事があったが、先進国の間で原子力発電を安全に維持していくための議論がもう少しあってもよかったのではないか。

　石炭火力については日米欧に、事業として維持する、と言い切れる企業は少なくなっている。原子力発電についての状況はもっと厳しい。アメリカにもたくさんの石炭火力発電所があるし、原子力発電所もある。それらを維持する自国企業がいなくなれば、海外の企業に頼らざるを得ない。10年後、日米欧がそうした状況に陥った時、石炭火力と原子力発電について、最も実績があり、技術力を持っているのは中国企業になる、という現実が目の前に突きつけられている。今、先端技術について中国に脅威を感じているように、社会インフラを中国に依存することをリスクと考えるのであれば、先進国には公営の企業を作って技術を維持するくらいしか手段が無くなる。民間企業としては先が見えないビジネスのために事業資源を投じ続けることはできない。パリ協定や福島第一原子力発電所の事故での対応で、所謂西側先進国の足並みが揃ったこと

が、国の関与かイデオロギーの異なる国に社会インフラを依存するかの選択を迫られるという皮肉な事態につながっている。

エネルギーを巡る難しい話を縷々述べたが、本書の目的はこうした事態に対して、政治的な判断を問うことではない。受け入れざるを得ない現実を受け止め、民間企業としてどのように事業判断をし、政策がどのように支援していくか、と問うことを目的としている。

世界が経験したことのない巨大国家の経済成長

まず、太陽光発電については、各国の市場をグローバルな立ち位置で評価し需要のあるところに一気に展開する、という認識の下、初めからグローバル展開のための生産拠点整備、人材育成、技術基準作りなどを行った中国企業の戦略眼が日米欧より優れていたことを受け止めるべきだ。その際、中国政府の政策運営能力の高さもあるが、中国の産業力の源泉は民間の活力にあるという認識を持つことも重要だ。

10年以上前に、中国の技術系の行政の方から「あなたは中国の産業の神髄を理解していない」と言われたことがある。恐らく、彼は圧倒的な数の企業や技術者が短期間に市場参入し、猛烈な競争を繰り返し産業を形成していく構造を指していたのではないかと思われる。日本では、日本国内の競争が厳しく国内で利益を上げられないことが海外での競争を不利にしているという指摘があった。これに対して、中国は猛烈な数の企業が競い合う国内の構造を国際的な競争力の源泉と考えているのである。中国のビジネスマンと仕事をしたことのある人なら、頷いてもらえる面があると思うが、それほど中国のビジネスマンはアグレッシブでバイタリティがある。以前、ある会合で現在太陽光発電で世界のトップクラスにいる企業のトップと意見交換したことがある。まずは、彼のグローバルな戦略感に感心したが、その後「自分が成功するかどうかは分からない。しかし、中国には自分の替わりに活躍する事業家がたくさんいる」と語ったのが印象的だ。

第5章　エネルギー市場の未来構図

　歴史上、14億もの人口を持つ国が官民挙げて産業創出に走った例はない。かつて、人口1億人の日本でも戦後に相当なダイナミズムを生み出したが、中国では、まさしく桁違い、世界が経験したことのないダイナミズムが生まれている。日本が中国とどう向き合っていくかを考える時、こうしたダイナミズムの存在を前提にする必要がある。

　太陽光発電ビジネスにおける中国の躍進の次に受け入れるべきなのは、先進国として後戻りできなくなっている分野があるということだ。前述したように、福島第一原子力発電所の事故の後に、将来の世界のエネルギーセキュリティを考えて原子力発電の位置づけを議論する機会はあった。しかし、今更社会に浸透してしまった反原子力の波を抑え込むことはできない。先進国にできるのは、原子力発電を残すためのボトムラインに関するコンセンサスを図るくらいだろう。

　石炭火力については超々臨界であっても融資対象としないという強硬派の流れが変わるかどうかは分からない。石炭については2つの点について、先進国の間できちんと議論することが必要だ。まず、石炭火力を排除して新興国、途上国を含めたエネルギーシステムが成り立つのか、という点だ。恐らく、成り立つという結論は、技術的に無理をしないと出ないだろうから、いかに石炭の環境負荷を下げるかの検討を始めなくてはならない。もう一つは、石炭火力と原子力を捨てて天然ガス火力だけを取る、という選択肢があり得るのか、という点だ。発電プラントの技術はタービンのような中核技術、プラントを形成するためのエンジニアリング能力、プラントの制御能力によって構成される。このうち、エンジニアリング能力と制御能力には石炭火力、天然ガス火力、原子力で共通性がある。そこで、3つの発電システム（石炭、天然ガス、原子力）を手掛ける中国企業に対して、天然ガス発電しかやらない日米欧企業が競争力を保てるのか、という懸念が湧く。発電システムを残すことと、残した発電システムに関する自国企業の競争力を維持できることは必ずしも一致しない。

3

中国と向き合うための4つのC

　エネルギーが社会の重要な基盤であることと、中国市場無しに日本の成長はないことを考えると、日本は世界のエネルギー市場を席巻しようとしている中国とどう協調するかを考えないといけない。そこで、大事になるのは4つのCだ。

　即ち、力を高めた中国が日本のどのような技術、システムに価値を見出すか向き合うかを見極めること（**Components**）、中国が競争力を持った事業資源を顧客の立場として活用すること（**Customer**）、日中共同で先進市場を開拓すること（**Collaboration**）、究極の低炭素技術を追求すること（**Carbon-Free-Technology**）、である。

日本が売れるエネルギーのComponents

　まず、どのような技術、システムが中国に対して競争力を持っているかを第1章、第2章、第3章の領域について考えてみよう。

〈再生可能エネルギー〉
競争力低下が目立つ個別技術

　太陽光発電については、メガソーラー向けのパネルについて日本が競争力を回復できることはないだろう。メガソーラー事業については、国内市場はFIT価格の適正化で沈静化した。だからといって、海外の大規模メガソーラーで中国を含む海外勢と戦うのは容易ではない。

　風力発電について先進国の最後の牙城は洋上風力となっているが、超大型の風車を多数設置できる広く遠浅の海のない日本の企業が単独で国際的な競争に加わるのは難しい。三菱重工とベスタスの共同事業のように、実績のある海外企業と組むのが残された選択肢なのかもしれない。

　バイオエネルギーについては、日本は国土の3分の2が森林で覆われているが、残念ながら木質バイオマスのエネルギーで競争力を保てていない。大型のバイオマス発電については、海外には、より大型の発電事

業を営む事業者がいる。地産地消というバイオマス発電の基本を実現するためには高性能で信頼性の高い小型の発電システムが必要だが、この分野については北欧を中心に優れた設備を供給する事業者がいる。

こう考えると、FITに支えられた日本の再生可能エネルギー産業は、独自の技術を開発すれば海外展開の見込みのない国内市場向けの技術となり、技術開発をしなければ、太陽光発電がそうであったように、海外の技術を使って事業を成り立たせるようになる。2つの選択肢があるように見えるが、エネルギーの世界で自国市場にしか通じない技術の開発を支持するという政策判断はないのではないか。その分、需要家は割高の電気料金を支払わなくてはならないし、高い料金を払って育てた技術を海外で売ることはできないからだ。中堅企業が地域振興と連動して手掛けることに意義はあるが、国際的な産業戦略の打ち手とはならない。

図表5-3-1　バイオエネルギーの処理フロー

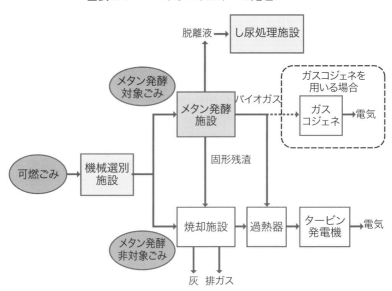

再生可能エネルギーについて日本が競争力を持てる可能性があるとしたら、システム化ではないか。複数の技術を組み合わせて精巧なシステムを作り上げることは日本に向いているかもしれない。例えば、DBO(Design Build Operate)方式で整備された山口県防府市の複合バイオマス発電システムは中国でも評価されている。以前、日本が競争力を持っていると思われていた廃棄物発電プラントについては、中国特有の事業形態の中で日本の強みが発揮できていない。火力発電では発電企業がEPCを担い重電メーカーはタービンなどの設備を納入していると述べた。同じようなような構造は廃棄物発電でもある。即ち、廃棄物発電事業者がEPCを担い、メーカーはボイラーなどの設備を供給するという形態だ。これだと日本メーカーの優れたEPC能力を売りにできないし、こうした事業形態で建設される廃棄物発電プラントの単価は日本より一桁近く安い（図表5-3-1）。

システム化商品とサービスに活路

しかし、中国の廃棄物発電市場にも変化が起こり始めている。中国の人達の生活レベルが上がったことで、廃棄物発電に対する風当たりが強くなっているからだ。コスト重視で来たため、今となって、日本のように、廃棄物発電事業に地域融和型の機能を付加することは難しい。そこで最近急速に関心が高まっているのが、リサイクルとバイオガス化だ。中国は日本と同じように一般廃棄物に厨芥ゴミを含んでいるので欧州と同じ仕組みで廃棄物を有効利用することはできない。かといって、日本でも難しい厨芥ゴミの分別を前提としたシステムを作ることはできない。そこで、自動選別機で厨芥系のゴミと乾燥系のゴミに分け、前者をバイオガス化し焼却に回す防府市のシステムが評価されている。こうした新しいシステムが普及するのであれば、日本企業がEPCのポジションを取って収益に反映することはできる。

スマートハウスやZEB（Zero Energy Building）も可能性がある。ス

マートハウスに付いている太陽光発電について日本が競争力を持っている訳ではない。蓄電池についても中国企業が世界一に立ち、今後色々な製品を市場に投入してくる可能性もある。それでも、これらの設備を統合して質の良い住宅として組み上げている日本のスマートハウスは中国を始めとするアジア諸国にもっと売り込むチャンスがある。訪日観光客が増えたこともあり、日本の品質に関するアジア諸国の評価が高まっている。中国の住宅は高層マンションが中心だが、開発園区の一部に低層でグレードの高い住宅が整備されている例もある。そうしたケースに日本のスマートハウスを納入できないだろうか。また、最近ではスマートマンションも登場しているので高層マンションに対して日本の住宅システムを売り込むこともできる。中国では日本のマンションの行き届いたデザインが評価された実績もある。雄安新区のデモンストレーション街区では数階程度の高さのブロック工法の住宅が整備されている。現状のスペックが実際の街区に導入されるかどうかは分からないが、高層マンションが林立するこれまでの開発区とは違ったコンセプトの街づくりを目指していると捉えることはできる。もともと日本のスマートハウスはプレハブ住宅に端を発している部分もあるから、日本の住宅のシステムやデザインをアピールできるチャンスがあるのではないか。

　住宅分野で日本のシステムを売り込む場合、もう一つアピールできるのは住宅の維持管理などのアフターサービスだ。中国の不動産は販売中心で維持管理や生活サービスはまだまだの状態だ。中新天津生態城のように緑化率が高く高品質の街並みを実現している開発園区では、公共側が整備している道路や植栽に比べて、民間が管理しているエリアの整備のレベルが劣っている例も見られる。中国の人達がより良い生活環境を求める指向は強まっているし、日本に来て街並みや施設の維持管理の高さを評価することは多い。住宅のアフターサービスの市場が開かれるのはこれからだ。スマートハウスは、高品質な躯体に太陽光発電、蓄電池、燃料電池、エネルギーマネジメントシステムなどが組み込まれた

パッケージだから、購入後も安心して便利に使えるためのアフターサービスがあることが商品としての魅力を高める。

システム化商品は上流指向が鍵

　日本のスマートハウスやバイオマス発電システムは競争力のあるシステムだが、単にこれらを持っていて営業をしても、評価はされるだろうが、簡単には売れないだろう。スマートハウスが売れるためにはスマートハウスに相応しい街区が必要であり、スマートハウスが立ち並ぶような街区が整備されるためには、そのためのマスタープランが必要であり、そうしたマスタープランが描かれるにはそのための開発コンセプトが必要だからだ。スマートハウスを売るために開発園区のコンセプトの段階から入り込まなければいけないとは言わないが、街区を売り込めなければスマートハウスが売れることはないだろう。

　バイオマス発電についても、それが導入されるためには、開発園区としてのゴミの分別システムがなくてはならないし、そうした分別システ

図表 5-3-2　技術導入のための上流アプローチ

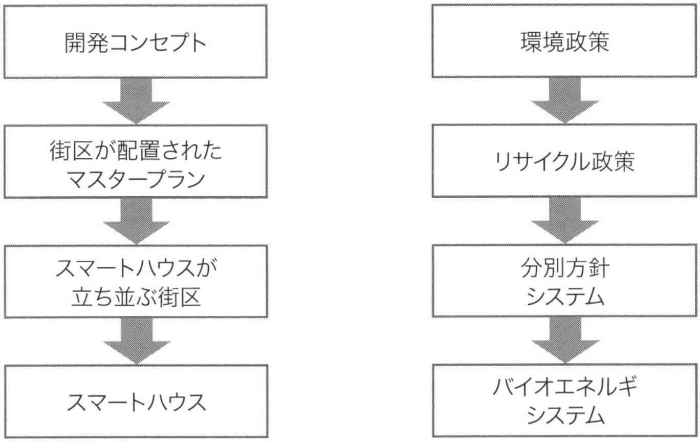

```
開発コンセプト              環境政策
    ↓                        ↓
街区が配置された           リサイクル政策
マスタープラン
    ↓                        ↓
スマートハウスが           分別方針
立ち並ぶ街区              システム
    ↓                        ↓
スマートハウス            バイオエネルギ
                          システム
```

ムのためには開発園区としてのリサイクル政策がなくてはならない。逆にそうして考えると、日本の廃棄物の分別収集の社会的な仕組みやノウハウ、あるいは環境教育などについてのニーズは高い（図表5-3-2）。

このように複数の技術やシステムからなるパッケージ商品が受け入れられるためには、開発園区事業のより上流から商品をアピールしなくてはならないのである。メーカーでスペックインというと、公募等の対象となる製品の仕様に自らの製品の強みが反映されるように働きかけることを指すが、ここで言うのはさらに上流だ。スペックインならぬ「コンセプトイン」が今後の戦略の鍵になる。

〈従来型エネルギー〉
限られる技術優位

火力発電について中国が日本を必要とする局面は限られる。石炭火力については、2000年代には超々臨界の技術のニーズがあったが今は国産化された。IGCCは開発中で技術提携のニーズはある。ただ、日本でもまだ開発余地のある技術だから、技術供与というより共同開発という形になろう。ガスタービンは長年中国が導入に努力してきた技術だが第2章で述べたように国産間近の状況だ。

火力発電で日本が技術を供与できる技術は天然ガスの高効率のコンバインドサイクルではないか。60%を超える発電効び技術であれば、国として天然ガス火力を増やそうとしている中でニーズはあるだろう。

送配電網の制御についても中国の電網会社はすでに高い技術力と投資力を持っている。特に、最大手の国家電網は世界中の送配電会社に投資もしている。再生可能エネルギーや分散電源を連結するための送配電網の制御能力も身につけたとされる。

日本としては中国市場の大きさや中国企業の海外展開力を考えると、火力発電や送配電網に関する技術協力を軸に事業提携を仕掛けたいところだが、時期を逸した可能性もある。10年前は火力発電なら超超臨界、

送配電網ならスマートグリッドの技術提携のニーズがあったが、最近そうした声は小さくなっている。ここに来て日本がAIIBや一帯一路戦略で中国との連携に力を入れていることを考えると、国際情勢や中国の技術力を見誤った、あるいは躊躇していた時間があまりにも長かったことになる。

　原子力発電については日本に一日の長があったとしても、中国も第3世代原発を開発、事業投入しているので日本から技術的支援を求める段階は過ぎている。原子力分野での中国が求めるものがあるとすれば、福島第一原子力発電所の事故から得られる知見かもしれない。

〈エナジーDX〉
DXSCの結節点を狙え

　日本ではエネルギーのデータとしての価値に対する感度がまだまだ低い。しかし、第3章で述べた通り、これからAI/IoTが社会全体に広がるようになると、データとしての価値を取り込めたビジネスとそうでないビジネスでは収益や成長性に大きな差がつくことになる。

　中国におけるエナジーDXの最大のターゲットは、Digital Transformationされた次世代のスマートシティ、DXSCだ。都市に集まる膨大かつ多様なデータが新しい価値を生み出し、それが大きな付加価値になるとすれば、第3章で述べたように、中国は間違いなく、世界最大の市場になる。ここで取り残されれば、AI/IoTの時代に日本は大きく出遅れることになる。しかし、日本は、スマートシティの要素ごとの実証の経験はあるものの、DXSCでリードしている訳ではない。むしろ、DXSCの情報を収集、分析をするプラットフォーマーについては中国の方が格段に力が上だ。次世代スマートシティで注目されている自動運転技術についても、トヨタが技術を提供するとでも言えば別だが、バイドゥなどIT企業が独自で開発している。第3章で紹介したように、雄安新区では色々な自動走行車が走り回っているが、小型走行車の中には感心するほ

どキビキビとした動きをするものもある。

エネルギーの新たな価値を創出するDXSCでも、日本が中国を上回るものはないのだろうか。当然、そんなことはない。DXSCでの日本の強みを示すキーワードは、結節点、コミュニティの2つだ。

まず、結節点から説明しよう。DXSCの中では情報に加え、色々な動きが結節する。特に注目すべきなのがモビリティ機能だ。自動運転の世界では、トヨタVS Googleのような単純な図式が強調されるが、自動車が担ってきた来た機能の全てが無人の自動運転に代替されるという構造転換は10年経っても起こらない。自動運転技術やIoTで起こるのは、マルチモーダルの進化だ。将来も長距離の移動は軌道交通が担うだろうし、バス路線が無くなることもない。それらの一部が自動運転化されることはあるだろうが、軌道交通については既存事業の改革の範囲内で語られるべきことだ。バスが自動運転になることはあるだろうが、それで解決されるのはバス事業の収益性だ。軌道運転やバスがある程度の自動

図表5-3-3　マルチモーダルによる交通ネットワークと結節点

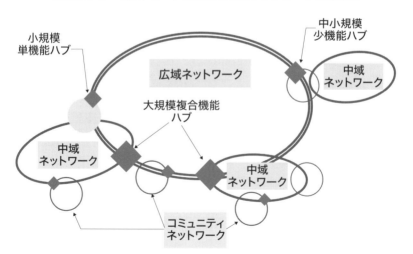

化された上で、より便利で、安全性が高い交通システムを作り上げるために必要なのは、自動運転技術を使い地域住民の細かい需要に応える機能を搭載したモビリティサービス（コミュニティネットワーク）と、複数の交通手段をスムーズに結び付けるためITシステムである（図表5-3-3）。

　こうした交通システムの要素については世界中の色々な国で開発が進んでいる。日本ならではの強みとなるのは、マルチモーダルにより必要性が高まる交通の乗り換えのためのハブである。都市開発でTOD（Terminal（Transit）Oriented Development）と呼ばれる機能だが、これをマルチモーダルのハブとして徹底して機能強化する。TOD開発のためには、不動産会社、軌道交通事業者、バスやモビリティサービス事業者、周辺コミュニティなど意見調整が必要になるが、日本はこの辺りの調整に関する豊富な経験とノウハウを持っている。また、TODは多くの人が行き交うので、商業施設、業務施設、ホテルなどの好適地となる。つまり、TODは地域を代表する複合開発の拠点となり、地域の経済価値を引き上げる役を担う。日本には魅力的な複合開発TODがたくさんある。複数の交通機関、施設が集積するので、TODではいかに人の流れをスムーズにするかが重要になる。この点について、日本は導線設計、サイネージ、ルート案内のアプリ、高性能のエレベーター、エスカレーター、ムービングウォークなど優れた資源がたくさんある。こうしたTODに関する日本の技術、ノウハウは他国の追随を許さない。

　もう一つ重要なのは、エコシティの流れを汲む中国のDXSCでTODの拠点を建設すれば、必ず低炭素型のインテリジェントビルになることだ。ここでは日本のZEBの技術やノウハウをアピールできるだろう。

　以上述べたように、発電技術等の従来的な技術への拘りを捨てれば、日本が中国のエネルギー市場に対してアピールできる技術、ノウハウはたくさんある。

第5章　エネルギー市場の未来構図

中国の競争力を活かすCustomerポジション

　SCDXの価値を高める（**Components**）を検討したので、次は、中国の事業資源を顧客の立場として活用する（**Customer**）ポジションについて考えよう。

　Customerポジションに関する考え方はシンプルだ。もともとコスト競争力が高く、近年技術力も向上した中国のエネルギー技術を活用し、発電事業等のオーナーとして収益を追求するのである。国内のFIT市場では中国製の太陽光パネルが過半とされるので、既にCustomerポジションを実践していることになる。日本の電力事業は長らく地域独占体制で営まれてきたため、国産技術に拘ってきたが、市場が自由化されれば、日本企業も技術の国籍には拘らなくなるのだ。太陽光パネルの産業がシュリンクしたことは残念だが、FITでは市場の変化に日本企業が巧みに適応したと前向きに捉えることもできる。同じような戦略を海外の再エネ発電事業で採れるようになりたい。燃料費がコストの過半を占める火力発電に対し、太陽光発電、風力発電の最大のコストは設備投資なので、Customerポジションに徹して収益追求を徹底するのが日本企業の今後の方向と言える。

　一方、火力発電、特に天然ガス火力では燃料費がコストの大半を占めるので、日本メーカーの高効率発電の技術を活かしてEPC、事業オーナーなど色々なポジションを取ることができる。ただ、先進国の重電メーカーはおしなべて火力発電の急激な需要減に苦しんでいるので、需要が安定している市場にいかに入り込むかが重要になる。そこで考えられるのが、中国と連携して火力発電事業に参画することだ。一つは、石炭から天然ガスへのシフトで天然ガス火力の需要が増える中国市場であり、もう一つは中国が展開する一帯一路の市場である。後者については、2018年11月に日本の官民のVIPが大挙して北京を訪問して今後の協働について合意したところである。

Customer ポジションの前提となる Collaboration

　しかし、大きな方向性が合意されたからといって、自ら開拓した市場でのチャンスを中国が易々と提供する訳ではないだろう。中国が巧妙というより、他人が開拓した市場に参入するのに何らかの条件を提示するのがビジネスマナーというものだ。そこで重要になるのが（Collaboration）だ。

　一帯一路の事業で日本が提示できるものは色々とある。事業の上流から言うと、対象国に対する政策検討、計画策定、FS（Feasibility Study）などでの協力だ。一帯一路で中国が手掛けた事業については、相手国に過度の債務を負わせた等の批判がある。そこで、対象事業に関する政策検討の段階から日本が協力し、計画策定、FSと関与すれば、事業の信頼性や持続性を高めることができる。中国にも優秀な行政マンや建設系のコンサルタントはいる。日本でもそうだが、行政マンはいかに優秀でも、第三者のニーズを聞いて適切なアドバイスをした経験が十分にない。先進国でそうした役目を担っているのは行政向けのコンサルタントだが、中国ではまだこの分野のコンサルタントが十分に育っていない。建設系のコンサルタントはいるが、知識が土木建設に偏重しており、新しい領域での提案力が十分でないと考える。日本のコンサルタントが欧米に比べて優れている訳ではないが、日本にはアジア諸国に適した優れた政策の事例があるので、一帯一路の事業の品質向上に向けて期待されるはずだ。

　日本が提供できる2つ目のポイントは言うまでもなく技術力である。もはや火力発電について中国が三顧の礼で迎える技術はない。しかし、仮に、発電事業のリスクを取り、同じ立場で発電プラントを建設するとなれば、わずかな技術力の差を歓迎する可能性はまだあるのではないだろうか。こうした前提に立つと、中国が立ち上げの権利を持っている事業を共同で実施することによって、技術を提示することの対価を得ると

いう取引が想定できる。

　先に10年前であれば、中国は日本の送配電技術や超々臨界の技術などを歓迎した可能性があったと述べた。つまり、この10年を振り返ると、中国は独自で技術力をつけ、日本は中国と協働する機会を逸したことになる。現在の中国の技術力と資金力、そして何よりも膨大な数の事業を経て技術の改善を繰り返せるという環境を考えると、中国に技術を出し惜しみすることによって得られるのは、中国がキャッチアップするためのわずかな期間における受注でしかないということになる。彼らの現状の技術力、資金力を持ってすれば、自主開発できない技術はエネルギーの分野では殆どないと考えられるからだ。そうすると、協働関係がないと一定の期間が過ぎた後は、コスト競争力のある彼らと第三国市場で真っ向勝負しなくてはならなくなる。中国が経済援助などをしている国では、競争環境が中国有利の中で戦わなくてはならない。最も潤沢な需要を抱える中国市場での競争は一層不利になる。

　そうであれば、技術力に若干でも差があるうちに、出せるものを出し

図表5-3-4　日本と中国の役割分担の違い

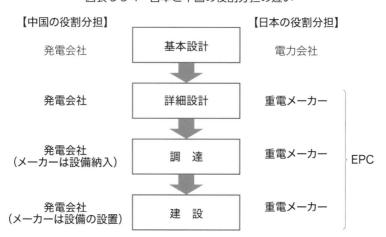

て協働の体制を作り中国市場、一帯一路市場での果実を得ようとした方が得策である。その際に重要なのは日本の電力会社の動きである。何故なら、中国で発電プラントのEPCを手掛けているのは発電会社であるからだ。重電メーカーの立場はタービンやボイラなどの設備を納入しているに過ぎないから、そこと組んでもEPCがらみの収益を手にすることはできない。

中国の電力会社と付き合った経験で言うと、中国の電力会社は日本の電力会社を一般の企業よりリスペクトする。日本では2020年に電力会社の発送電分離が実施される。先行して発送電分離を実施した東京電力の動向を見ると、ホールディング会社体制の下で、各事業会社はこれまでの地域管轄などの頸木が外れ、自由に事業を成長させようと努力するようになるようだ。こうした自由化後の電力会社の活躍は中国との関係でも重要なカードになると考えられる（図表5-3-4）。

将来の成長の基盤となるDXSCでのCollaboration

エネルギー分野のCollaborationでもう一つ重要なのは、というより今後の日本の産業にとって重要なのは、中国のDXSCの立ち上げに関わる協働だ。ここまで述べたように、都市は今後のAI/IoT関連ビジネスの重要な孵化器となるからだ。

DXSC市場に参入しようとする際に重要なのは、何を手にしようとするかだ。これまでのインフラ輸出では、こうした都市開発案件に関わることで、日本の都市関連のインフラ、設備を受注することを目的としていた。しかし、中国製品と日本製品の基本的な性能の差が小さくなった今、日本製品の持つ信頼性や繊細な作り込みを評価してもらうのは容易ではない。また、例えば、オフィスビルは様々な設備で構成されているので、一つの設備だけ繊細な性能を持っていてもビルの価値が上がる訳ではない。価値が上がらなければ、投資側としては単なるコストアップ要因でしかない。日本製品の良さを事業の価値に転換するために最も重

図表 5-3-5　スマートシティにおける価値創出

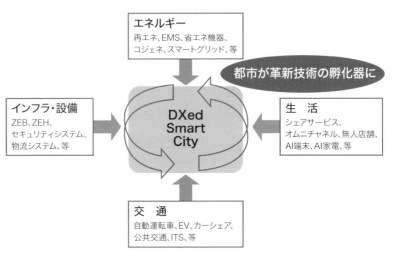

　要なのは、TODのように日本の強みを活かしたComponentsを売り込むことだ。そして、(Components)のところで述べたように、日本ならではの技術やシステムを売り込むには、設備納入の2段階上流の意思決定にアプローチしなくてはならない(図表5-3-5)。

　今後の日本の産業の発展を考えると、DXSCで設備納入以上に重要なのはデータマネジメントでどれだけ協働できるかだ。エネルギーについて言えば、DXSCは「データを価値にする」ことを都市サイズで実現するための重要な市場である。ただし、新しい領域であること、中国の情報に触れることから、提案したからといってすぐにデータマネジメントでの協働が受け入れられる訳ではない。ここに関しては何段階もの提案、協議、交流、交渉が必要だろうが、いきなり都市全体のデータマネジメントでの協働を提案するのは得策ではないだろう。都市の情報管理は開発園区の管理委員会や投資公司の所管と捉えられるかもしれないし、バイドゥやアリババのような強力なIT企業が関与している場合、

図表 5-3-6　コミュニティ・シティの価値構造（モビリティ）

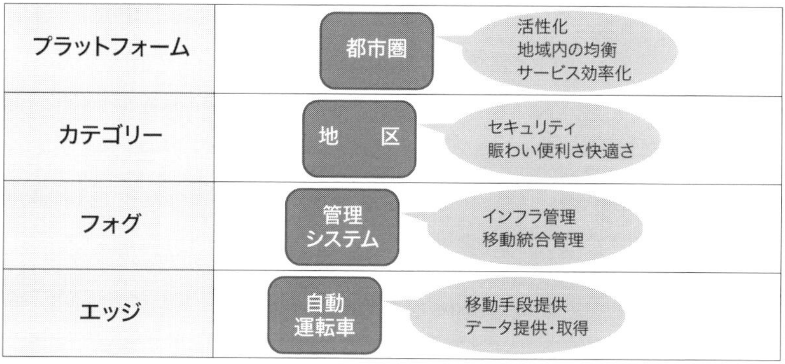

層	対象	価値
プラットフォーム	都市圏	活性化／地域内の均衡／サービス効率化
カテゴリー	地区	セキュリティ／賑わい便利さ快適さ
フォグ	管理システム	インフラ管理／移動統合管理
エッジ	自動運転車	移動手段提供／データ提供・取得

日本には彼らに対抗できるようなプラットフォーマーがいない。

日本の強みを活かせるカテゴリープラットホーム

　IoTのシステムを作る場合、一般にデータを取得するエッジ層、エッジ層の複数の機能を管理したりデータを分析したりするフォグ層、そしてデータベースやクラウドと接続しているプラットフォーム層により構成される。しかし、DXSCでは交通、エネルギー、リサイクル、インフラ管理、施設管理など様々なカテゴリーが関わるのでもう1つの層が必要になる。全てのデータをプラットフォームに直接吸い上げる前に、カテゴリーごとにデータ分析し価値を作り出すプロセスを担う層だ。

　例えば、開発園区内のモビリティサービスを運営するには、モビリティ関係のデータを収集分析し、便利で安全で快適なサービスの基盤を作らないといけない。モビリティサービスはデータだけで成り立つ訳でないので、データを活用して現場のスタッフを動かし、車両などの設備を管理することになる。また、モビリティのデータをマーケティングに活かそうと思えば、商業施設やECを運営する事業者と連携しなくてはならない（図表5-3-6）。

このように、DXSCのデータを構成する各カテゴリーでは、カテゴリー内でのデータの収集・分析、現場の業務を連動させた価値創出を行うことになる。それがなければ、いくらデータを集めても都市としての価値は高まらない。したがって、システム構成も実際にはDXSC全体のプラットホームの手前にカテゴリーごとのプラットホームが存在することになる。それが個々のサービスの顧客に対して価値を提供すると同時に、カテゴリー間で連携することによって単独のカテゴリーだけでは出せない価値を作り出していくことになる。

　日本が中国のDXSCと協働するために力を入れるべきなのは、このカテゴリープラットフォームである。例えば、日本では自動運転の分野で、レベル4の技術を使ったコミュニモビリティの実証が各地で行われている。ここでデータの価値を創り出すシステムとサービスの仕組みを立ち上げれば、中国のDXSCと連携するための武器となる。日本のエネルギーの分野の取り組みはもっと進んでいる。自由化政策が始まった頃からエネルギーの見える化、省エネ指南、アグリゲーションなどのサービスが立ち上がってきた。また、ハード面ではエネルギーマネジメントシステムや省エネ、再エネ機器・設備を搭載したZEBが建設されている。さらに、六本木ヒルズでは大型のコジェネレーションを備え自律的で効率的なエネルギーシステムが運用されている。東日本大震災ではその有効性を示した。こうした技術、実績を集約すれば、DXSCの中のエネルギーマネジメントシステムの立ち上げ、運営を日本が主導することができる。日本の経験を活かして、設備のエネルギー効率を最大限に引き出し、域内でのエネルギー融通を利かせ、ベストプラクティスを共有・進化させ、エネルギー設備のライフサイクルコスト最小限にするシステムを創り出すのである。石油ショック以来積み上げて来たエネルギー分野での日本の実績は中国にもリスペクトされるだろう。

　この他にも、リサイクル、介護、医療、上下水、インフラ管理などでカテゴリープラットフォームを形成することができる。カテゴリープ

ラットフォームを作るためにはAI/IoTに関する知見だけでなく、個々のカテゴリーでの現場知識が欠かせない。優れた現場経験に基づくデータがあってこそ、カテゴリープラットフォームのAI/IoTは適切に作動するのだ。カテゴリープラットフォームを海外展開することは、都市内での様々なサービスの価値をデータビジネスに反映することに他ならないのである。

水素に焦点を当てるCarbon-Free-Technology

　中国との協働のキーワードの4つ目は（**Carbon-Free-Technology**）の追求である。その対象は水素と考える。最近、中国は水素への関心を高めている。中国が水素に関心を持つのは、単なる技術的な興味ではなくエネルギー技術をしっかりと分析したことの結果である。

　繰り返しになるが、中国政府の政策分析能力は高い。科学分野では中国科学院は3万人の研究員を擁する。エネルギーの技術を検討していけば、送電線を流れる電気を太陽光発電と風力発電で低炭素化することの限界はすぐに分かる。まず、太陽光発電と風力発電の変動を100%吸収することはできないので、原子力発電を相当程度導入しない限り送電線の中の電力をカーボンフリーにすることはできない。原子力発電に逆風が吹く中、送電線内のカーボンフリーの実現性はなくなっている。蓄電池で変動を吸収するためには途方もない容量の蓄電池が必要となり、電力コストを押し上げ、別の意味での環境問題を引き起こす。また、電力を低炭素化したところで、鉄鋼を始めとする素材産業のエネルギーを低炭素化することはできない。消費段階では電力によるエネルギー消費より熱による消費の方が多いのだから、電力の低炭素化ばかり議論している姿勢は真剣さに欠ける。

　エネルギーのカーボンフリーを真面目に考えると、最終的には燃料をカーボンフリーにするしかなく、その最有力候補が水素であることが分かる。水素なら水素還元で鉄鋼業のカーボンフリー化を図ることもでき

る。水素の普及には技術、経済面での高いハードルがあるが、それを理由に水素に取り組まず地球温暖化対策を語る姿勢はおかしい。水素にまつわる困難さは、それだけ現在の社会システムの本当の脱炭素化のハードルが高いことを意味しているに過ぎないのである。太陽光、風力発電の普及は重要だが、それらを大量に送電線につなげば脱炭素が実現できるような議論は社会に誤解を与える。

エネルギーを真剣に考えている中国

　14億人の国民を抱える中国はエネルギーの調達をどこの国よりも真剣に考えている。世界のエネルギー資源に与える影響があまりにも大きいから、明確な代替手段が見えない限り、脱石炭、脱原子力などのエネルギー政策の判断を表明することはしない。そうした中国が水素への関心を高めるのは必然のことと言える。

　日本にとって調達先を選択できることは水素の大きな魅力だ。現在の最も有力な調達先はオーストラリアだろうが、中国との連携は3つの意味で重要だ。1つは、膨大な再生可能エネルギー資源と広大な国土を有しているため、将来の完全カーボンフリー水素の有力な調達先になることだ。2つ目は、中国が水素の利用に乗り出せば、市場が一気に大きくなって日本もコスト低減のメリットを享受できるようになることだ。世界的に水素市場を立ち上げていくには強力なパートナーが必要だ。そして、3つ目は日本にとって水素エネルギー技術の大きな市場となることだ。

　水素について日本には色々な優れた技術がある。まずは、燃料電池自動車だ。中国政府の進める新エネルギー車として燃料電池自動車が普及すれば日本としても大きなメリットになる。スマートハウスなどに装着されている高効率の小型燃料電池も有力な商品だ。気温の低い中国東北部であれば総合効率の高さを一層有効に活用できる可能性がある。水素の液化、輸送、貯蔵などに関しても高い技術力を持っている。

水素については、技術を出し惜しんだ結果何も得られなかった、という過去の反省を踏まえた提携を進めて欲しいものだ。技術面での日本企業と中国企業の関係となると、技術を獲られるといった悪い面ばかりが強調される傾向があるが、中国企業との提携が上手くいって事業を桁違いに成長させることができた例もある。要は、良いパートナーを選び、リーズナブルな条件で良い関係を築けるかどうかにかかっているのだ。

エネルギーセキュリティと中国との向き合い方

　本書の最後として、エネルギーセキュリティと中国との付き合い方、特に、**Collaboration**について付言しておきたい。

　どこの国でもエネルギーは国民生活と産業活動の基盤だから、政府は色々な事態を想定してエネルギー供給が滞ることがないように政策を講じてきた。産業革命以来の現代文明とはエネルギー文明そのものだから、各国政府のこうした姿勢は今後も変わりようがない。しかし、最近エネルギーセキュリティ関する意識が薄くなっているのではないか、という懸念を覚える。確かに、原子力発電は福島第一原子力発電所で深刻な事故を起こし、かつての原子力ルネッサンスのような政策は取り得なくなった。しかし、原子力を排除したり過度に縮小すれば国としての技術基盤を失うことになり、当該国はエネルギーの重要な選択肢を失うか他国に頼ることになる。石炭火力の環境負荷が大きいことは確かだが、IGCCやCCSで負荷を下げることはできる。その道を評価せず座礁資産化させれば、同じように、その国はエネルギーの選択肢を失う。

　海外と送電線を結び再生可能エネルギーを融通する、必要になったら他国から（石炭、原子力などの）エネルギー資源を導入すればいい、といった意見もある。しかし、そうした他国依存は、世界情勢が平和で協調的であって成り立つ考え方であり、一つのエネルギー利用手段を普及するのに30年、50年を要するエネルギー政策に適するとは思えない。EUが国境を超えて送電線を連結するまでには多くの苦難と膨大な議論

第5章　エネルギー市場の未来構図

があった。世界情勢の如何にかかわらず、国民生活、産業活動の基盤を守るために努力するのがエネルギー政策のスタンスであるべきだ。

　そうした意味で言うと、最大のエネルギー消費国であり、最大の影響力を持つ国だからかもしれないが、米中両国はエネルギーセキュリティに対して堅実であるように見える。中国のエネルギー政策も、国際的な議論に同調しながらも、エネルギーセキュリティの基本を堅持しているように見える。

　最後に中国との関係について述べておきたい。

　中国には「井戸の水を飲む時は井戸を掘った人のことを忘れるな」という言葉がある。苦労して基盤を築いた人達に敬意を表そうという価値観が中国にはある。筆者は、毎月のように中国に足を運ぶが、こうした意識はむしろ日本より強いように感じる。中新天津生態城は当初の計画

図表5-3-7　中国市場への取り組み方

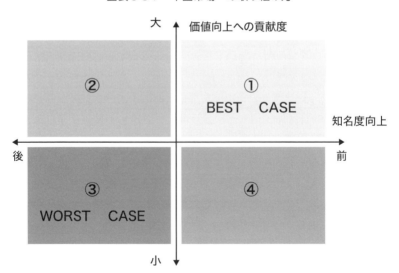

通りに事業が進んでいる訳ではないが、この事業に関わってきたことに対しては、中国中どこにいってもリスペクトされる。新しい領域にチャレンジした人達をリスペクトするという文化がこの国に根付いていることの現れだろう。それが現在までの中国の躍進の原動力とも言える（図表5-3-7）。

一方、そうした文化は相手先との付き合い方にも反映される。後に名声を博す事業があった場合、名声を博すに至るまでの苦労した過程から協力してくれた人と、名声を博した後に寄ってきた人への対応には明確な線引きがあるように思う。また、何かを売ろうとする場合には、自身の事業の価値を上げてくれるものについては高く評価する一方で、価値に結び付けようとしない場合は、価格で厳しく査定する。筆者にはうかがい知れないが、こうした文化こそ、4000年を生き抜いてきた知恵の一端なのかもしれない。

米中の関係が緊迫しているが、中国が今後世界経済に大きな影響力を持つという事実は変えようがないし、この国といかに良い関係を築くかが日本の成長を大きく左右することも間違いない。その中国が求めているのは、一緒に井戸を掘り、硬い岩盤を切り崩すための知恵や技術を差し出しくれるパートナーなのである。

―― 著者略歴 ――

井熊　均（いくま　ひとし）
株式会社日本総合研究所
専務執行役員　創発戦略センター所長
1958年東京都生まれ。1981年早稲田大学理工学部機械工学科卒業、1983年同大学院理工学研究科を修了。1983年三菱重工業株式会社入社。1990年株式会社日本総合研究所入社。1995年株式会社アイエスブイ・ジャパン取締役。2003年株式会社イーキュービック取締役。2003年早稲田大学大学院公共経営研究科非常勤講師。2006年株式会社日本総合研究所執行役員。2014年同常務執行役員。2017年より現職。環境・エネルギー分野でのベンチャービジネス、公共分野におけるPFIなどの事業、中国・東南アジアにおけるスマートシティ事業の立ち上げ、などに関わり、新たな事業スキームを提案。公共団体、民間企業に対するアドバイスを実施。公共政策、環境、エネルギー、農業、などの分野で70冊の書籍を刊行するとともに政策提言を行う。

王　婷（おう　てい）
1970年生まれ。1993年北京大学卒業、1998年東京大学大学院総合文化研究科国際関係論専攻修士課程修了。2000〜2001ハーバード大学東アジア研究センター客員研究員、2002年東京大学大学院総合文化研究科国際関係論専攻博士課程を経て、株式会社日本総合研究所入社。現在、創発戦略センターシニアマネジャー、日綜（上海）信息系統有限公司北京諮詢分公司総経理。
専門分野：環境、エネルギー、中国政策（経済、環境、都市）
著書：「燃料電池ビジネスの本命"住宅市場"を狙え！」（共著）、「図解よくわかる分散型エネルギー」「中国エネルギービジネス」「中国環境都市」（共著、以上日刊工業新聞社）

瀧口信一郎（たきぐち　しんいちろう）
株式会社日本総合研究所
創発戦略センター　シニアスペシャリスト
1969年生まれ。京都大学理学部を経て、93年同大大学院人間環境学研究科を修了。テキサス大学MBA（エネルギーファイナンス専攻）。東京大学工学部（客員研究員）、外資系コンサルティング会社、REIT運用会社、エネルギーファンドなどを経て、2009年株式会社日本総合研究所に入社。現在、創発戦略センター所属。専門はエネルギー政策・エネルギー事業戦略・インフラファンド。著書に「電力不足時代の企業のエネルギー戦略」（中央経済社・共著）、「2020年、電力大再編」（日刊工業新聞社・共著）、「電力小売全面自由化で動き出す分散型エネルギー」（日刊工業新聞社・共著）、「電力小売全面自由化で動き出すバイオエネルギー」（日刊工業新聞社・共著）、「続 2020年 電力大再編」（日刊工業新聞社・共著）など。

中国が席巻する世界エネルギー市場　リスクとチャンス

NDC540.9

2019年1月29日　初版1刷発行

（定価はカバーに表示してあります）

Ⓒ　著　者　　井熊　　均
　　　　　　　王　　　婷
　　　　　　　瀧口　信一郎
　　発行者　　井水　治博
　　発行所　　日刊工業新聞社
　　　　　　　〒103-8548　東京都中央区日本橋小網町14-1
　　電　話　　書籍編集部　03（5644）7490
　　　　　　　販売・管理部　03（5644）7410
　　F A X　　03（5644）7400
　　振替口座　00190-2-186076
　　U R L　　http://pub.nikkan.co.jp/
　　e-mail　　info@media.nikkan.co.jp
　　企画・編集　新日本編集企画
　　印刷・製本　新日本印刷㈱

落丁・乱丁本はお取り替えいたします。　　2019 Printed in Japan
ISBN 978-4-526-07921-4
本書の無断複写は、著作権法上の例外を除き、禁じられています。

●日刊工業新聞社の好評書籍●

公共IoT
地域を創るIoT投資

井熊 均、井上岳一、木通秀樹 著
定価(本体1,800円+税)　　ISBN978-4-526-07899-6

Society5.0は自動化やIoT導入など産業・ビジネス分野を中心に進んでいる。しかし、一方で、取り残される層や地域を生み出し、地方部では不満と不安が高まっている。本書は、日本が次世代型の成長を実現するために地域を底上げする施策として、公共分野へのIoT投資がカギになることを提案する。地域に安心と希望をもたらための新たな市場の創出や日本の競争力向上策を披露する。

大胆予測！IoTが生み出す モノづくり市場2025
「T」を起点にバリューを織り込め

井熊 均、木通秀樹 著
定価(本体1,800円+税)　　ISBN978-4-526-07838-5

IoTのシステムとデバイスの開発に成功した企業は勢力を急速に拡大し、伝統的な企業を脅かそうとしている。動き出したIoT市場を需要・供給の両面から整理すると、2020年代なかばの市場動向が見えてくる。それを捉えられるかどうかで、企業としても国としても今後の経済的な発展に大きな影響が出る。本書はそのような理解から、2020年代なかばのIoT市場の動向と、期待されるビジネスモデルを提示する。

「自動運転」ビジネス 勝利の法則
レベル3をめぐる新たな攻防

井熊 均、井上岳一 編著
定価(本体1,800円+税)　　ISBN978-4-526-07723-4

2017年にドイツの自動車メーカー「アウディ」が自動運転レベル3（条件付運転自動化）に該当するシステムを初めて量産車に搭載し、また一つ実現に向けてステップアップした。本書は、将来の自動運転市場の様子を客観的に展望することを中心に、自動運転が注目される背景や各業界の動きを紹介する。その上でコミュニティモビリティサービスに焦点を当て、各企業の自動運転市場への展開戦略を提言する。